金融科技应用
对
农村普惠金融发展的
影响研究

A case study
of fintech application
on rural inclusive finance
in Sichuan province

以四川省为例

吴敬花 ———— 著

西南财经大学出版社
Southwestern University of Finance & Economics Press

图书在版编目（CIP）数据

金融科技应用对农村普惠金融发展的影响研究：以四川省为例/吴敬花著．——
成都：西南财经大学出版社，2021.6
ISBN 978-7-5504-4896-4

Ⅰ.①金…　Ⅱ.①吴…　Ⅲ.①农村金融—研究—四川　Ⅳ.①F832.35

中国版本图书馆 CIP 数据核字（2021）第 098674 号

金融科技应用对农村普惠金融发展的影响研究——以四川省为例
JINRONG KEJI YINGYONG DUI NONGCUN PUHUI JINRONG FAZHAN DE YINGXIANG YANJIU——YI SICHUAN SHENG WEILI
吴敬花　著

责任编辑：汪涌波
装帧设计：付瑜
责任印制：朱曼丽

出版发行	西南财经大学出版社（四川省成都市光华村街 55 号）
网　　址	http://cbs.swufe.edu.cn
电子邮件	bookcj@swufe.edu.cn
邮政编码	610074
电　　话	028-87353785
照　　排	四川胜翔数码印务设计有限公司
印　　刷	成都金龙印务有限责任公司
成品尺寸	170mm×240mm
印　　张	10.25
字　　数	205 千字
版　　次	2021 年 6 月第 1 版
印　　次	2021 年 6 月第 1 次印刷
书　　号	ISBN 978-7-5504-4896-4
定　　价	68.00 元

摘要

随着金融科技的发展，2016 年 G20 峰会正式提出数字普惠金融，金融科技在农村的应用越来越广泛。在金融科技的作用下，不断创新的农村金融服务、更安全便捷的资金流适应了农村经济快速、多元化的发展需要，发展了农村普惠金融。表现为：在金融科技的应用下，更多的金融机构、科技企业和其他非金融机构参与到农村金融，通过金融服务和金融产品满足农村多样性的金融需求，使部分地域传统农村金融无法抵达、金融服务低收益以及涉农金融需求受到抑制等方面的问题，均在较大程度上得到了解决。

金融科技的应用促进了资金信息化，有利于通过基于数据的决策发展普惠金融。金融科技对普惠金融的作用机理是应用金融科技发展普惠金融的关键问题，在研究该问题的基础上，本书更进一步地研究以下内容：①金融科技作用于农村普惠金融的机理；②以四川为例，实践中的金融科技对农村普惠金融的影响效应；③金融科技发展农村普惠金融的路径。

本书以信息经济学的供求理论、网络经济理论和农村金融理论为基础，首先对金融科技应用促进农村普惠金融的发展进行了经济学分析，揭示了金融科技促进普惠金融的机理；其次以四川全省和三个样本市（州）为研究对象，以截面数据、时间序列和面板数据等为基础，归纳和分析了农村普惠金融的基本特征，并采用计量经济模型研究了金融科技对农村普惠金融的综合效应、结算能力提升和信贷获得性增加的影响；最后，结合 DCEP 应用，提出了应用金融科技发展农村普惠金融的路径和政策建议。

本书的主要结论是：

（1）金融科技发展农村普惠金融的机理是通过技术的手段降低金融服务成本和风险，促进金融供给和需求协调发展，提高农村金融市场效率，实现农村金融服务向所有人的全覆盖。

（2）金融科技应用在经济的作用下，能有效提升农村普惠金融的发展水平。相比经济发展对农户信贷增长的影响，金融科技应用对农户信贷规模的促进作用更大。在对农村普惠金融的各层次的影响中，金融科技应用对结算账户扩大规模的促进作用更明显。

（3）农村普惠金融的有效路径是"互联网+"的O2O（线上/线下）模式。围绕农村普惠金融两种模式下的金融科技应用，不断完善农村普惠金融体系，促进农村非现金交易和优化信贷风险管理，在乡村振兴战略的支持下，促进农村普惠金融和农村经济的协同发展。

本书的主要贡献有：

（1）运用信息经济学的基本原理，揭示了金融科技对农村普惠金融提升的内在机理。

（2）采用三个维度测度金融科技应用水平，对金融科技提升农村普惠金融的三个层面的效果进行计量经济分析，然后比较了金融科技对三个层面的普惠金融的边际效应的差别，提出金融科技在提升结算能力方面效应最大，金融科技应用促进了农村普惠金融的发展。

（3）结合DCEP应用，根据金融科技发展趋势，提出我国农村普惠金融的路径应是"互联网+"的O2O模式，不断完善金融体系，线上促进农村非现金交易，优化信用风险管理；线下推动技术在小微金融网点的使用，深挖DCEP下的金融服务创新，提高其金融服务能力。

关键词： 金融科技；普惠金融；农村金融；作用机理；DCEP

Abstract

Financial technology is widely used in the rural finance as financial technology develops very quickly and G20 emphasizes the digital inclusive finance. It has promoted many innovations in financial services in the rural finance. All of them meet the requirements of fast and diverse development in rural economy. All that mentioned above leads to development in rural inclusive finance as the following: Many kinds of institutions participate in rural finance; they provided kinds of financial products and financial services for the rural economy. Based on the application of financial technology, such problems as financial service can't be provided in certain space, certain fields where financial demands are restrained, thus all can be solved to large degree.

Fintech application promotes digitized financial information. It can develop inclusive finance by the financial service innovations which are based on data mining and data based decision making. The mechanism of Fintech act on the inclusive finance is the key problem in this research. According to the research of the mechanism, further analysis had been done in the following aspects: (1) The mechanism of financial technology on rural inclusive finance; (2) Taking Sichuan as an example, the influnce of fmanical technology on rural inclusive finance in practice; (3) The path of finance technology in rural inclusive finance.

This research do analysis on the theory of supply and demand of economics, the theory of network economics and the theory of rural finance. First, it researched the mechanism which Fintech acted on the rural inclusive finance by econometrics analysis; Second, this research summarized the general characteristics of the rural inclusive finance which are based on the analysis of cross−section data, time series and panel data of Sichuan and its sample districts. Then, the econometric model is used to study the effect of financial technology on the comprehensive effect of rural inclusive finance, the improvement of settlement ability and the increase of loan acquisition. At last, concentrating on DCEP which is a typical application of Fintech, it do further analysis on the implementation process that DCEP empowering the rural inclusive finance. Then, it puts forward the path and the suggestions for applying financial technology to develop rural inclusive finance.

The main conclusions of this research are:

(1) The mechanism of the Fintech develops rural inclusive finance is the fact that information technology is used to reduce the cost and risks of financial service. The benefits encourage the supplier provide more adaptive financial services for all users. And then, it promotes the coordinated development of financial supply and demand. In this way, the rural financial market is developed and efficient. At last, all users are included in financial services.

(2) Rural inclusive finance is developed by Fintech application which accompanies with the influence of economy. Compared with the effect of the economy acted on the loan, the effect of Fintech application acted on loan was more obvious. And, the application of Fintech to the settlement account was more obvious in rural inclusive finance.

(3) Rural inclusive finance should adopts the "Internet +" O2O (online/offline) mode by the application of Fintech. Many policies should be made according to O2O mode as follows: the rural inclusive financial system should be improved by the application of Fintech, non−cash transactions should be developed and credit risk management should be optimized. Rural inclusive finance and rural economy should be synchronous developed in the implementation of the

rural revitalization strategy.

The main contributions were draw as follows:

(1) It explores the internal mechanism which Fintech is applied to develop the rural inclusive finance by the basic principles of information economics.

(2) This research computes the level of Fintech application from three dimensions according to the statistical indicators of the PBC (People's Bank of China). And then, the result is used to analyze the effects of Fintech on improving the rural inclusive finance by econometric analysis. Compared with the differences of the marginal effects of Fintech on inclusive finance in three aspects, the conclusion is that financial technology has the greatest effect on improving settlement ability. And Fintech application promotes the development of rural inclusive finance. With the application of Fintech, the path of the rural inclusive finance should adopt "Internet +" mode which is also named O2O (online/offline) mode.

(3) Considering the application of DCEP and the trend of Fintech, Inclusive Rural Finance should improve the financial system, promote non-cash transactions and optimize credit risk management from online aspects. At the same time, Inclusive Rural Finance should use technology to develop the micro financial outlets, to explore the financial inovation on DECP and to improve their financial service capabilities.

Keywords: Financial Technology; Inclusive Finance; Rural Finance; Mechanism; DCEP

目录

1　绪　论

1.1　研究背景

1.1.1　现实背景

信息技术向金融领域的渗透，促进了资金的信息化，催生了电子货币，在电子货币应用的基础上，通过金融服务创新，提供了快捷、高效、安全的资金流动和金融服务。1995 年美国 SFNB（security first network bank，SFNB）在互联网上使用电子货币进行资金清算和结算（赵爱敏，1998），实现了电子货币在信息环境下进行流动，该经济活动称为"电子支付"。随后，电子支付进一步发展和演变，发展了互联网金融和金融科技，随着互联网金融的金融风险等问题不断爆发，互联网金融转向了金融科技。目前，金融科技在理论研究和实践应用中，均已成为国内外信息技术领域和金融领域研究的热点之一。

金融科技的应用使金融服务具有高效率与低成本优势，理论上能有效地应对我国农村金融在发展中面临的效率与成本问题，有利于农村普惠金融的开展。在国家实施乡村振兴的宏观经济政策背景下，金融科技在农村金融中的应用主要分为以下四个方面：

1.1.1.1　金融科技为农村普惠金融提供更便捷的资金流动渠道

金融科技的应用帮助农业生产得到更快捷、有效的金融服务。截至 2018 年年底，我国有农村借记卡 32.08 亿张，信用卡 2.02 亿张，在银行卡使用的过程中，我国正逐步实现银行卡由存储信息较少的磁条卡向更安全、更可靠的芯片卡过渡；围绕银行卡这一支付工具，2018 年全年网银支付业务笔数达 102.08 亿笔，金额 147.46 万亿元；手机银行累计 6.70 亿户，发生手机支付业务笔数 93.87 亿笔，金额 52.21 万亿元；电话银行累计 2.08 亿户，发生支付业务笔数 0.808 亿笔，金额 925.19 亿元；特约商户 554.02 万户，ATM 38.04

万台，发生交易 124.06 亿笔，金额 21.96 万亿元；POS 机 15.62 万台，发生交易 25.14 亿笔，金额 6.79 万亿元；农村除 ATM、POS 机之外的其他自助服务终端（如多媒体终端）18.04 万台，全年发生交易 5.06 亿笔，金额 2.23 万亿元；助农取款服务点村级行政区覆盖率超过 98.23%，办理支付业务（包括取款、汇款、代理缴费）合计 4.63 亿笔，金额 3 618.69 亿元①。

1.1.1.2 金融科技拓展了农村普惠金融获得信贷服务的空间

金融科技的应用促进了农村多方面金融服务的发展，包括：在农村金融组织方面，形成农村政策性金融机构、农村商业性金融机构、农村合作金融机构以及其他金融组织形成的金融机构体系，不仅有直接服务于"三农"的合作金融组织，还有一些拥有支付牌照的支付服务组织，包括冀农贷、京东农村金融和旺农贷等信息科技产业；在金融服务方面，创新了供应链金融，发展了农村的小额信贷和农村互联网金融，通过信息化的手段为农业经济的发展提供增值服务，提供无抵押的小额贷款或 P2P 贷款，通过金融服务下沉和农业保险等方式创新农村金融的风险管理。截至 2016 年年底，我国农业贷款余额为 22 718 亿元，为金融机构贷款的 9.5%，获得农户小额贷款的用户为 772 万户，在 2.3 亿农户中占 3.36%，在有贷款需求的 1.2 亿农户中占 6.43%；在 2016 年年底，村镇银行有 1 519 家，在县市的覆盖率为 67%，民间资本占 72%，提供贷款 7 021 亿元②。

1.1.1.3 金融科技适应了农村经济发展的金融多元化的需求

随着农村经济的发展和国家宏观经济政策的实施，农村金融需求呈现多元化的特征，这些金融需求包括：持续增长的流动人口所需的金融服务，农村土地流转所需的金融服务和农村电子商务的发展所需的金融服务，等等。

我国连续 17 年发布中央一号文件关注农村经济改革，2004 年和 2005 年，我国中央一号文件提出"扩大农民就业、发展农村科技"，要求应用金融科技用于满足农村经济对资金快速转移的需求；2006 年中央一号文件提出"工业反哺农业，城市支持农村"，要求金融科技为资金在城市和农村间流动构建快速的资金流动渠道；2007 年、2008 年和 2012 年的中央一号文件提出发展现代农业，以产业链为主线，及时发现和解决农业生产中的技术和资金等不足的问题；2009 年中央一号文件提出实施土地流转，农村金融应支持农户在土地流转中人、财、物在空间的分离。2010 年后连续 11 年的中央一号文件要求农村

---

① 数据来源：《2018 年农村地区支付业务发展总体情况》。

② 数据来源：http://www.kanzhun.com/lunwen/566353.html.

金融快速发展，通过农村金融提高农产品市场流通效率和政府对农产品市场的价格调控能力。农村经济的发展和政策变化，要求农村金融提供多层次、多样化的金融服务，以提高资金运行效率、优化金融资源配置以及实现金融服务在用户、经济活动等方面的全面覆盖。

不断变化、发展的农村经济要求农村金融服务创新速度更快、成本更低，金融科技的应用满足了农村金融服务创新的需求，通过网络经济的规模效应为农村金融机构带来更高的收益，也激励农村金融机构为适应农村经济的发展，积极进行金融服务创新以提供更优质的金融服务。在信息网络的支持下，农村金融实现了金融服务网络的全覆盖；在信息技术的支持以及信息技术和金融服务流程的协同作用下，农村金融机构在强化金融风险管理的同时，为用户定制金融服务，满足不同金融素养的用户的金融需求；同时，也为农村经济活动定制金融服务，满足多元化的农村经济活动需求。在金融服务创新的过程中，农村金融机构通过较少的投入能快速实现金融服务的创新，为不同的用户、不同的经济活动提供金融支持。在金融服务创新中，2008 年中国农业银行创新了支付工具，发行了以服务"三农"为主要目标的金惠卡，通过该卡对银行账户的分类管理，则可以为农村金融市场的用户定制个性化的金融服务。

1.1.1.4　DCEP 应用快速推动金融科技在农村金融的渗透

2014 年央行成立发行法定数字货币（DCEP）的专门研究小组，2020 年 DCEP 开始在社会各场景进行闭环测试，四川省成都市是 DCEP 的主要试点城市之一，四川雨润国际农产品交易中心是 DCEP 的一个应用场景①。

DCEP 定位于 M0，且采用"中央银行—商业机构"二元模式运行框架、使用电子钱包管理以及支持双离线支付，因此，DCEP 在农村金融中对现金具有更强的替代性。在 DCEP 的应用下，农村金融将运用金融科技创新一些新的金融服务，提高农村金融的资源配置效率。由于 DCEP 具有同货币一样的属性和功能，随着 DCEP 在农村金融中的应用，金融科技在农村金融的渗透已是大势所趋。

与金融科技应用于发展农村普惠金融同为热点的是国内外对数字普惠金融的重视。2016 年《G20 数字普惠金融高级原则》强调数字普惠金融，倡导利用信息技术促进数字金融的发展，从而发展普惠金融（胡滨，2016）。普惠金融的重点在农村，因此，数字普惠金融主要用于农村普惠金融的发展。随着我

---

① 彭州支行青年服务队推进数字货币纪实 [EB/OL]. (2020-09-30) [2021-05-04]. https://www.meipian.cn/36eq3ntp.

国宏观经济政策的运行，信息技术在农村各领域的渗透以及金融科技的发展，金融科技应用在传统农村金融服务不足的地区，具有可行性和明显的金融服务优势，并且金融科技作用于普惠金融的效应越来越显著。由于农村金融中金融科技应用和创新不足，现有运用金融科技实施的金融服务不仅操作流程复杂，而且金融风险高，农村金融服务供给不足与需求不足同时存在。截至 2016 年年底，我国正规的金融服务覆盖率低，村均银行网点 0.23 个①，"三农"金融缺口达到 3.05 万亿元，超过 40% 的农户的金融需求得不到满足②，依赖现金交易的农户缺乏"信用"和抵押资产。

四川省的农村普惠金融整体水平低，但是具有较好的发展普惠金融的环境。①四川是我国的农业大省，有 183 个县（市、区）、47 285 个行政村，户籍人口 9 102 万人，农业户籍人口 6 172 万（2015 年 11 月人口普查数据），农村金融市场大，普惠金融的发展具有重要意义。②四川省农村电子商务发展较快，拥有国家级和省级电子商务进农村综合示范县 27 个，县级电商综合服务中心 94 个，镇（乡）电商服务站 1 079 个，村级服务点 3 279 个，实现农村电子商务交易额 370.8 亿元（2015 年），2016 年交易额达到 2.1 万亿元，农村电子商务要求实施金融创新、加快农村普惠金融的发展。③四川发展农村普惠金融具有较好的基础条件，四川拥有政策性金融、商业性金融、合作性金融"三位一体"的农村金融组织体系，涉农银行业贷款和农村信用社贷款超过 2 000 亿元，新型农村金融机构 53 家，农业保险发达，在全国保费排名第三（2015 年年末数据），增强了对特殊群体的金融服务。④四川的数字用户规模大，截至 2016 年年底，网民规模达到 3 575 万个，其中手机用户 3 343 万户（93.5%），超过台式电脑和笔记本电脑的网民数；网上支付、网上银行的用户规模分别为 2 168 万户和 1 718 万户，接近国家平均水平，其中网络理财用户为 283 万（7.9%），低于国家平均水平 13.5%。⑤四川的金融科技相比东部地区较为落后，但是金融服务创新活跃，金融风险较高，互联网金融从 2013 年兴起，截至 2015 年年末，四川省有 P2P 平台 60 家，其中问题平台有 31 家，超过 50%。

总之，从我国现实背景的角度来看，金融科技用于发展农村普惠金融，不仅有宏观经济政策对普惠金融的发展的需求，也有应用科技发展农村普惠金融

---

① 农村银行网点数量 12.67 万个［EB/OL］.（2017 - 03 - 20）［2020 - 12 - 10］. http：//bank.cngold.org/c/2017 - 03 - 20/c4879737.html.

② 中国"三农"互联网金融发展报告（2016）［EB/OL］.（2016 - 08 - 18）［2020 - 12 - 10］. http：//finance.ifeng.com/a/20160818/14770571_0.shtml.

的政策指导，而且，金融科技在农村金融中的应用环境已初步形成，DCEP 即将强势替代农村金融中的现金支付，这将加速金融科技在农村金融中的渗透。深入研究金融科技促进农村普惠金融的机理、效应和路径，是进一步应用金融科技发展普惠金融，实现普惠金融的可持续发展的关键问题。

1.1.2 理论背景

金融科技的高速发展引起了广大学者对金融科技的关注。信息技术与金融的融合，其对金融的影响不仅使金融活动从线下向线上转移，还使金融实施渠道、金融服务过程等都发生了较大的变化，由此在业界产生了金融和科技的融合即"金融科技"，业界也将金融和科技的英文进行合并，对其简称"Fintech"。

2011 年后，金融科技作为概念在理论界得到广泛应用。Dapp et al. (2014) 在研究金融领域的数字化革命时首次使用了"金融科技"，Mackenzie (2015) 以 Lending Club 为案例研究金融科技的发展。随着国际上金融科技产业的发展和我国突出的互联网金融风险问题，京东在 2015 年提出应用金融科技，Chen (2016) 系统研究了中国的金融科技发展。

传统金融服务的不足与金融科技企业拥有的技术、商务活动背景以及支付服务等方面的优势，促进金融科技企业/产业快速发展，使金融科技早期的理论研究集中在金融科技企业/产业方面。随着金融科技理论研究的深入，金融科技被认为是采用大数据、区块链、云计算、人工智能等前沿信息技术，创新金融服务并对金融市场具有重大影响的新技术应用（Ma&Liu，2017）。

金融科技被定义为技术后，金融科技的理论研究被提前应用到金融机构 EFT 的使用中，我国金融机构的主体地位使金融机构的金融科技快速成为理论研究的重点，金融科技企业/产业中关于数字经济等方面的理论研究成果被应用于金融机构的金融创新。鉴于此，本书将金融科技限定在金融机构的金融科技应用。

与此同时，农村普惠金融的理论研究已进入数字普惠金融，而金融科技是数字普惠金融的内容之一。2016 年，G20 杭州峰会正式提出数字普惠金融后，北京大学数字金融研究中心构建了《北京大学数字普惠金融指数》①，并用该普惠金融指数对全国各省（区、市）2011—2015 年的数字普惠金融情况进行

---

① 北京大学数字金融研究中心课题组. 北京大学数字普惠金融指数（2011—2020）[EB/OL]. （2021-04-21）[2021-05-04]. https://idf.pku.edu.cn/docs/20210421101507614920.pdf.

了评测；傅秋子（2018）利用北京大学数字普惠金融指数研究数字金融对农村金融需求异质性的影响，由于该指数主要采用支付宝数据研究数字普惠金融的使用情况，研究认为数字普惠金融的发展减少了农村需求性正规信贷的需求；David-West（2016）、Gabor&Brooks（2017）从理论上研究了应用金融科技发展普惠金融的策略和路径。因此，在理论研究方面，研究者普遍认为现有普惠金融已发展到数字普惠金融，数字普惠金融对农户信贷需求、中小企业的融资约束以及缩小城乡差距都具有显著的影响（傅秋子和黄益平，2018；邹伟和凌江怀，2018；张贺和白钦先，2018）。

因此，从理论背景的角度来看：一是金融科技的内涵和外延已经得到发展，金融科技泛指应用于金融领域的技术，而作为我国金融主体的金融机构应用金融科技更有利于快速推动农村普惠金融的发展；二是金融科技在早期理论研究中关于影响因素、风险管理以及数字经济等方面已有的研究成果，为本研究提供了理论参考；三是数字普惠金融的理论研究，为本研究提供了科学依据。随着 2017 年金融机构对金融科技的应用以及 DCEP 的推广，金融科技应用对普惠金融的影响将更深入，应用范围更广泛，影响机制也越来越复杂。深入研究金融科技对普惠金融的作用机理、效应和路径，有利于进一步为金融科技应用于发展数字普惠金融提供理论依据和科学指导。

1.2　研究意义

国家主席习近平在"一带一路"高峰论坛（2017）中强调"发展普惠金融，完善金融服务网络"。农村是普惠金融的重点，因此，农村普惠金融在我国经济、金融发展中具有非常重要的地位。数字普惠金融的兴起、金融科技对普惠金融的渗透以及"金融+科技"的进一步融合，使对金融科技于普惠金融的作用机理、效应和路径的研究变得更迫切和更有意义，需要进一步研究金融科技如何作用于普惠金融、对普惠金融的影响程度以及如何去发展普惠金融，即研究从"为什么"到"怎么做"等问题，因此，本研究具有理论和实践两方面的意义。

1.2.1　理论意义

本研究的理论意义在于研究成果对科学理论的贡献和发展。本研究的理论意义为：

（1）对金融科技和普惠金融等科学问题的边界进行研究，强化了金融机构在应用金融科技发展普惠金融中的主体地位，有助于其后续的相关研究。

"金融科技"这一概念产生于多学科、多领域的交叉应用，不同领域对金融科技的定义具有较大的差异。信息技术领域认为金融科技主要是高新技术在金融领域的应用，因此，金融科技的水平表现在大数据等信息技术的发展程度；金融领域认为金融科技是信息技术渗透到金融领域，是"金融+科技"的整合，并将融合后的这种模式称为金融科技；管理学领域将金融科技定义为高新企业的一种商业模式，如京东金融或拍拍贷，因为高新技术的发展和电子商务领域的优势，早期研究中的金融科技水平常采用高新企业的数量或产业的投、融资能力进行衡量；2017年，我国金融机构广泛采用金融科技提高金融服务质量，在人工智能等前沿信息技术支持下创新金融服务产品供用户使用，金融科技水平表现在用户对新兴金融服务的使用情况。由于我国金融机构的主体地位，本研究将金融科技定义为金融机构采用的高新技术，将金融科技的水平定义为用户获得的高新技术支持的金融服务水平。

随着普惠金融发展到数字普惠金融，普惠金融的内涵和外延得到发展，传统的普惠金融研究金融机构提供的普惠金融服务，透过北京大学数字普惠金融指数发现，数字普惠金融主要研究金融科技企业提供的普惠金融服务。而随着金融监管的加强，正规金融机构仍然是普惠金融服务的主要提供者。因此，数字普惠金融时代，正规金融机构的普惠金融的研究对普惠金融的可持续发展具有重要的作用。本研究结合普惠金融和数字普惠金融的研究成果，推动金融机构的数字普惠金融的研究。

总之，本研究将金融科技对农村普惠金融的作用机理、效应和路径的研究限定在正规金融机构的范围内，将金融科技和普惠金融测评定义在可观察的金融服务使用和金融服务供给等方面，便于简化研究内容，以研究主要领域的金融科技应用对普惠金融的影响。

（2）对金融科技发展农村普惠金融的作用机理进行研究，从理论上丰富了农村金融和普惠金融的研究内容。

本研究从农村金融市场的角度，以市场的供求理论作为基础，针对农村金融市场中金融供给抑制和金融需求抑制同时存在的问题，应用金融科技协调金融供给和金融需求之间的矛盾，通过金融信息的价值挖掘和人工智能进行金融决策，创新金融服务，既保障金融供给方的基本利益，又使金融需求方能够获得金融服务。通过信息聚集减少信息不对称问题，防止金融市场中的逆向选择和道德风险，降低金融风险，减少金融服务的成本；通过信息复制使金融服务实现重复使用，使金融服务能以较低的价格服务于农村金融，降低农户获得金融服务的成本，增强农户的金融服务获得能力，增加金融服务的规模报酬，并在网络经济学的长尾理论指导下，保障金融供给方的收益；通过挖掘金融服务中的经济外部性，优化金融服务，促进农村金融资源的主动配置，提高农村金融服务的效率。

本研究将金融科技对农村普惠金融的作用机理分为电子支付和信贷两个方面进行研究，并从金融科技对电子支付的作用机理到金融科技对信贷的作用机理进行研究。金融科技在电子支付中的应用不仅为农户提供了转账这一基本的金融服务，其资金流信息用于为农户构建信用模型，简化了农户信贷中的风险评估环节，节约了农户信贷的成本，提高了农户信贷的效率，发展了普惠金融。

本研究对金融科技发展普惠金融的作用机理进行研究，有利于清晰地认识和理解金融科技用于发展普惠金融过程中的内在逻辑关系，明确金融科技发展普惠金融的应用条件和实施金融风险管理，降低金融科技用于发展普惠金融的不确定性。

（3）对金融科技作用于普惠金融的效应进行实证分析，从理论上研究金融科技作用于普惠金融的影响效应。

本研究在研究金融科技对普惠金融的作用机理的基础上，进一步采用四川省的宏观面板数据实证分析金融科技对普惠金融的作用效应，鉴于宏观数据的可得性，报告采集到四川省乐山市 7 个区（县）、德阳市 5 个区（县）以及阿坝藏族羌族自治州（以下简称"阿坝州"）（整体）共 13 个区（县）2012—2017 年的样本数据，实证分析金融科技的应用对普惠金融的作用效果，以进一步证明金融科技对普惠金融的作用机理的有效性，为在实践中应用金融科技发展农村普惠金融提供了理论依据。

1.2.2 实践意义

本研究的实践意义在于研究成果的社会效益和经济价值。其实践意义有三个方面：

（1）促进我国农村金融与国际上的金融科技、数字普惠金融以及农村经济多元化的研究和发展保持一致。

面对信息科技向金融的强势渗透，金融科技高速发展，并被广泛用于发展普惠金融；金融科技凭借信息技术的前沿成果，在金融服务中具有效率和成本优势，因此，国际上将普惠金融推向了数字普惠金融，强调利用信息技术发展普惠金融，在实施金融普惠的同时也关注普惠金融的可持续发展；此外，信息技术向社会各领域进行渗透，推动社会各行业和农村经济的高速发展，农村中不断涌现的新兴的经济模式要求金融服务进行快速响应。上述政策引导、经济变革均要求将信息技术领域的前沿成果服务于金融，通过金融服务创新推动普惠金融的进一步发展，故本研究有利于推动农村普惠金融与农村经济的协调发展。

（2）为应用金融科技发展普惠金融提供理论依据和实施路径，有利于金融科技进一步服务于普惠金融并推动普惠金融的可持续发展。

信息技术领域不断涌现的前沿成果，使金融科技用于发展普惠金融已成为共识。但现实中却表现为农村金融服务创新不足与农户需求得不到满足，金融机构简单地将问题归结为农户需求不足、金融素养不够等原因，很少去研究金融科技对普惠金融的作用机理，从更深层次上实施金融服务创新去降低农户获得金融服务的门槛；金融服务创新的盲目性导致新兴的金融服务得不到用户使用，难以发挥金融科技在普惠金融中的效率和成本优势，最终影响金融供给方的积极性，使农村金融市场的发展呈现"柠檬市场效应"。本研究从科学的角度探索金融科技发展农村普惠金融的路径，有助于农村普惠金融的可持续发展。

（3）加速 DCEP 在农村金融的应用，有利于更多的金融创新推动农村普惠金融。

DECP 定位于 MO，而农村金融中农产品交易是现金流通的主要场所，DCEP 对现金的替代将改变农村金融货币的流通方式。由于 DCEP 的功能特性和交易特性，农村金融中 DCEP 的使用将引发新一轮的金融创新服务于现代农业和乡村振兴，推动农村普惠金融的发展。本研究顺应了农村金融变革的趋势，为 DCEP 场景下如何发展农村普惠金融提供了参考。

本书的研究为实践中应用金融科技发展普惠金融提供了科学依据，其路径研究对应用金融科技发展普惠金融具有积极的指导作用，有利于实施金融服务创新和农村普惠金融的可持续发展。

1.3 研究目标、内容和方法

1.3.1 研究目标

本研究对金融科技作用于普惠金融进行理论分析，以市场供求理论、网络经济理论和农村金融市场理论为基础，从经济学的角度分析金融科技对普惠金融各参与主体的行为和市场效率的影响，由此得出金融科技发展普惠金融的作用机理，在此理论框架下，根据金融科技作用普惠金融的特征，以四川省的金融科技和普惠金融宏观数据研究其作用效应，并设计了应用金融科技发展普惠金融的实施路径，为农村普惠金融的进一步发展提供参考。

本研究的目标是通过研究金融科技发展农村普惠金融的机理、效应，探索金融科技赋能农村普惠金融的具体路径。具体而言包括以下三个方面：

（1）系统研究金融科技对农村普惠金融的影响，构建金融科技作用于普惠金融的理论模型。本研究将金融科技作为普惠金融发展的内生因素，运用经济学的供求理论，从市场的供给和需求方面，研究金融科技应用对普惠金融供需双方的影响，认识和理解应用金融科技减少金融中的信息不对称问题，提高金融服务供给收益以及增强农户获得金融服务能力等方面的作用机理，为进一步研究金融科技对普惠金融效应、探索普惠金融的实施路径以及进一步发展普惠金融提供理论支持。

（2）通过定量分析得到四川省的金融科技对普惠金融的作用效应。在金融科技对普惠金融的作用机理研究的基础上，进一步研究我国，特别是四川省的普惠金融特征，比较不同地区的金融科技对普惠金融作用的时间效应、空间效应和影响效应的稳定性，科学评价金融科技对普惠金融的作用效果。根据数据的可得性，使用四川省部分县（市）的宏观金融数据进行分析，并在研究的基础上利用金融科技优化现有的普惠金融路径。

（3）结合 DCEP 应用，提出应用金融科技发展普惠金融的路径。本研究根据金融科技对普惠金融作用机理，结合普惠金融经济特征分析、金融科技对普惠金融的作用效应分析以及 DCEP 应用，提出农村普惠金融的路径应是 O2O 的模式：线下利用金融科技降低金融网点、助农取款点的成本，增强其服务能力，线上应积极发展移动金融等，并围绕 O2O 模式完善相关制度。

1.3.2 研究内容

本研究以金融科技的研究热点、普惠金融受到国家高度重视以及信息科技向金融领域广泛渗透等为研究背景，以金融科技对普惠金融影响的理论分析—实践检验—实施路径为研究主线，主要研究了以下四个方面的内容：

1.3.2.1 关于金融科技和普惠金融概念的边界研究

应用金融科技发展普惠金融，金融科技和普惠金融都很关键，近年来金融科技和普惠金融都发展得很快。

金融科技处于交叉领域，随着金融科技的发展，其概念的内涵和外延都在发生改变。从早期的互联网金融到金融科技产业/企业的融资、金融科技企业到信息技术在金融领域的应用以及金融科技作为金融机构实施金融服务创新的核心技术，概念的边界在不断演变，使应用金融科技发展普惠金融变得异常复杂。为简化问题的研究，结合金融机构在农村金融的主体地位，本书将金融科技的边界限定为金融机构的金融科技，并特别指金融机构用于金融服务创新的金融科技，而金融科技的应用水平则是采用用户对金融服务的使用程度，以便于对各地金融科技应用水平进行测算。

随着金融科技的应用，普惠金融的含义发生了较大的改变。传统的普惠金融集中在农村金融的信贷服务上，而金融科技的应用，使金融机构参与了经济活动的资金流动，因此，普惠金融的内容不仅有信贷，还有电子支付。但是，由于电子支付和信贷服务在农村金融资源配置中的作用不同，其金融服务资源的特点不同、风险不同，而且，通过电子支付培养农户的金融素养、提高农户获得信贷的能力以及采集农村资金流信息等，电子支付对发展信贷有积极的作用。因此，金融科技应用下的普惠金融这一概念的内涵和外延得到拓展。现有关于数字普惠金融的研究忽视了金融机构在普惠金融中的主体作用，因此，本研究对普惠金融概念的边界进行了研究，有利于更客观和科学地评价一个地区的普惠金融水平。

1.3.2.2 应用网络经济学对金融科技作用于普惠金融的机理进行研究

金融科技用于发展普惠金融的核心内容是实施金融创新，缩小金融供给和金融需求之间在技术、成本上的差距，降低金融交易的成本，增加金融服务的收益。农村普惠金融的特点是服务分散、收益低，因此，农村普惠金融的可持续发展的主要渠道是利用技术的手段降低金融交易的成本，促进农村金融供给，获得规模收益。在信息技术下，网络经济的长尾理论、边际收益递增等理论指导和促进信息技术的外部性内部化，帮助金融组织在应用金融科技发展普惠金融的过程中获得规模收益，减少信息不对称问题，降低政府对市场干预等，有助于进一步研究金融科技对普惠金融的作用机理。

1.3.2.3 采用四川省三个样本市（州）的面板数据研究金融科技对普惠金融的作用效应

实证分析是经济学常用的分析手段，而金融科技对普惠金融的作用效应非常复杂，普惠金融的发展既有来自金融科技的内生影响，也有经济等外在环境的影响，还有截面的溢出效应和时间变化带来的影响。在考察金融科技作用于农村普惠金融的发展时，选择截面数据研究不同地区影响效应差异和溢出效应，选择时间序列数据观察同一个地区随时间的变化动态。因此，本研究为研究金融科技对普惠金融的影响效应，综合选择了四川省的部分区（县）的面板数据进行分析。

1.3.2.4　结合 DCEP 应用，从成本和效率的角度研究了数字普惠金融的实施路径

随着金融科技更广泛地得到应用，金融创新渗透到普惠金融的各个方面，如支付、信贷以及信用体系建设等。金融科技应用下的普惠金融创新将涉及多个领域的合作、多个部门的协调，金融科技用于发展普惠金融的路径应是线上和线下结合，通过线下渠道培养农户的金融素养，有条件地引导农户使用线上普惠金融，优化和发展线上金融服务的流程，降低农户通过线上渠道获得金融服务的门槛，全面构建数字普惠金融体系，在数字普惠金融环境下发展农村普惠金融。

1.3.3　研究方法

研究方法是人们在从事科学研究过程中采用的工具和手段（吴志荣，2017），据此，本书的研究方法有四种。

（1）文献研究法。文献研究法是本书的主要研究方法之一，该研究方法贯穿了整个研究过程，包括本研究问题的提出—分析—策略研究。通过国内外的文献资料，发现金融科技、普惠金融等都是当前研究的热点问题，2016 年金融科技有了较快的发展（田婧倩，2019），金融科技被金融机构广泛用于金融服务创新，因此确立"金融科技对普惠金融的作用机理、效应和路径研究"的主题研究，并根据对研究文献的梳理对理论的拓展，提出本研究的理论模型：金融服务作为信息产品，金融服务的收益具有规模效应，推动金融供给和需求的协同发展。本研究通过研究四川省的金融科技对普惠金融的影响特征，利用四川省部分区（县）的金融面板数据分析金融科技对普惠金融的影响效应，并提出金融科技发展普惠金融的路径，即：作用机理—影响效应—路径的逻辑思路，采用经济学、网络经济和农村金融的基本理论，提出假设并对假设进行验证，构建本研究的整体框架。

（2）案例分析法。本研究主要用案例分析法研究金融科技对普惠金融的作用特征和效应分析，从实践方面研究金融科技对普惠金融的作用，为后面实证分析金融科技对普惠金融的影响效应提供依据。

（3）实证分析法。本研究主要用实证分析法分析金融科技对普惠金融的作用效应，通过四川省部分区（县）的金融面板数据，分析研究金融科技对普惠金融影响的区域效应、稳定性和影响程度，并检验金融科技对普惠金融的

作用机理中的研究假设。其数据主要来源于实地调研的直接数据、二手数据，如官方的《农村金融发展研究报告》、中华人民共和国国家统计数据、中国人民银行统计数据、中宏产业统计数据、万德数据库、《中国互联网发展状况统计报告》以及文献研究的数据。

（4）归纳法和演绎法。同运用文献研究法一样，归纳法和演绎法贯穿了本研究的整个过程，在文献综述、作用机理模型的建立和路径研究中尤为突出。通过归纳法和演绎法的运用，得出本研究的研究假设、研究结论和提出金融科技发展普惠金融的实施路径。

1.4　技术路线与结构安排

1.4.1　技术路线

技术路线是指包括为达到研究目标所采取的技术手段、具体步骤及解决关键性问题的研究方法等在内的研究途径。本研究从理论分析到实证研究，再到根据研究结果提出科学、可靠的实施路径，其技术路线如图1.1所示。

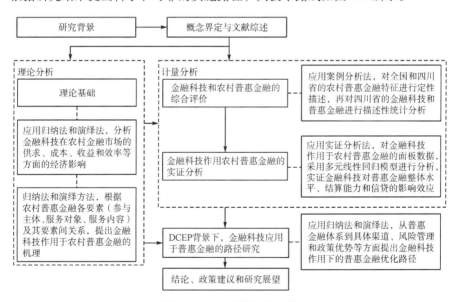

图 1.1　本研究的技术路线

图1.1中，金融科技对普惠金融影响的机理、效应和路径研究，是本研究的重点。此外，为了更好地研究金融科技对普惠金融影响的效应和实施路径，

本书也研究了我国农村普惠金融的特征。

1.4.2 结构安排

根据上述研究目标、内容、方法和技术路线，本研究分为七个部分，其中第四、五、六部分为主体部分。具体如下：

第一部分是绪论，主要阐述研究背景、研究意义、研究内容、研究方法、研究思路和创新等。

第二部分是概念界定与文献综述，分别对金融科技和普惠金融的研究进行文献综述，完成相关概念界定、研究范围界定和金融科技用于发展普惠金融的文献综述。

第三部分是金融科技应用的理论基础、经济学分析和作用机理。金融科技凭借信息技术方面的创新和应用，通过网络经济提高金融服务的效率，发展农村普惠金融市场。在经济学供求理论、网络经济学理论和农村金融理论的指导下，本部分先从经济学的角度分析金融科技如何适应农村普惠金融对成本、效率和风险管理的要求，促成农村普惠金融供需双方的协调发展，并在此基础上，建立金融科技对普惠金融作用的机理模型。

第四部分是对农村金融科技与普惠金融的综合评价。从金融科技应用的角度，研究金融科技应用和普惠金融的特征，在研究四川省农村普惠金融特征的过程中，本部分对农村普惠金融和金融科技进行了综合评价。

第五部分是金融科技促进农村普惠金融发展的实证分析。根据前面研究提出的理论假设，采用计量经济学中常用于分析变量关系的多元线性回归模型，并根据收集的宏观经济、金融运行的面板数据进行计量分析，得到金融科技对普惠金融的作用效应，包括作用效果、地区差异性和稳定性等方面的研究结论。

第六部分是金融科技促进农村普惠金融的路径研究。根据第三、第四、第五部分的研究结果，对应用金融科技发展普惠金融的具体路径进行了研究。

第七部分是研究结论、政策建议和研究展望。对全书的整个研究内容进行梳理、总结，根据研究结论对应用金融科技发展普惠金融提出政策建议，并对研究的问题进行总结，以便于进行后续研究。

1.5 研究的创新点

本研究在现有金融科技发展农村普惠金融研究的基础上有所创新，其主要的创新点有：

（1）将支付纳入农村普惠金融的内容，运用信息经济学的基本原理，揭示了金融科技对农村普惠金融提升的内在机理。本研究从农村普惠金融交易的成本、资金流动效率和金融风险管理等方面，系统研究金融科技应用对普惠金融的支付和信贷的作用机理，揭示金融科技在农村普惠金融发展中的重要贡献。因此，本研究丰富了传统农村普惠金融的研究内容，为农村普惠金融的进一步发展提供了新的思路：通过发展低成本、低风险的电子支付培育农村金融市场，提高农户的金融素养，改善农村信贷环境，促进农村普惠金融发展。

（2）将金融机构的金融科技应用作为农村普惠金融发展的重点内容。相比已有文献关注金融科技企业对农村普惠金融的发展，如京东金融等在普惠金融中的贡献，农村金融的弱质性要求金融机构是农村普惠金融的主要推动者，金融机构应通过金融科技创新和应用来发展普惠金融。以四川省为例，本研究采用三个维度测度金融科技应用水平，对金融科技提升农村普惠金融的三个层面的效果进行计量经济分析，比较金融科技对三个层面普惠金融的边际效应的差别，得出了金融科技对提升结算能力效应最大的结论。因此本研究认为应借鉴农村电子商务的发展路径，利用金融科技优化农村普惠金融的发展路径，围绕O2O的农村普惠金融模式不断完善农村普惠金融体系，促进农村非现金交易和优化信贷风险管理，在乡村振兴战略的支持下，促进农村普惠金融和农村经济的协同发展。

2 概念界定与文献综述

    金融科技是金融和科技高度融合和发展的产物,其效率和成本的优势使金融科技成为发展普惠金融的理想渠道。金融科技经历了较长时间的发展,普惠金融经历了更长时间的发展,但是,金融科技和普惠金融作为概念提出后,在短期内都得到迅速发展,而且金融科技很快被用于发展农村普惠金融。事实上,金融科技的应用是为了更好地实现普惠金融,不仅为普惠金融服务,其目标也是全面提高金融的运行效率和金融服务质量,促进金融产业的升级;同样,农村普惠金融也不仅是应用金融科技发展传统金融,还是普惠金融的必要手段。

    本章先对普惠金融和金融科技进行概念界定,对研究范围进行归类整理,然后分别从普惠金融的本质、普惠金融与经济的双向影响和金融科技对普惠金融的影响、普惠金融的研究方法、发展路径和相关政策等方面进行文献综述,以此作为金融科技对普惠金融的作用机理、效应和路径的研究依据。

2.1 概念界定

2.1.1 农村金融和普惠金融

2.1.1.1 农村金融

农村金融是指农村的货币资金融通,以及与货币融通有关的经济活动。相比金融,农村金融也包含支付、信贷等内容,但是农村金融更关注"三农"的金融问题。

2.1.1.2 普惠金融

普惠金融广义上是指在风险范围内，向社会各阶层和所有群体提供所有功能的金融服务。因此，普惠金融包含但不仅仅是弱势群体的金融服务，它以合理的价格，便捷、灵活地面向所有群体提供金融服务；而且，普惠金融服务的有偿性和实施金融风险管理是以确保普惠金融可持续发展为必要条件的。

普惠金融广义的定义相当宽泛，从参与组织方面，金融机构仍然是普惠金融主要的参与主体，存、贷、汇、保险等基本的金融服务是普惠金融的主要内容，边远地区或贫困人口这两类用户是普惠金融的重要服务对象。为便于研究，本书进一步给出了普惠金融的狭义定义。

普惠金融狭义上是指正规金融机构，特别是银行业金融组织向农村被金融排斥的对象（边远地区或贫困人口）提供存、贷、汇等基本的金融服务。

狭义的普惠金融将普惠金融的服务组织限定在金融机构，将金融服务限定为金融机构为边远地区或贫困人口两类用户提供基本银行业的金融服务，而其他非金融机构、非基本的金融服务如保险和证券以及其他用户群体的金融服务，则不属于本研究的范围。

普惠金融自提出后一直受到社会关注，2018年中央一号文件明确指出，普惠金融的重点在乡村①，因此，普惠金融的重点是农村普惠金融。

2.1.1.3 农村普惠金融

农村普惠金融广义上是指在风险可控的范围内，金融机构向"三农"所涉及的农村地区、农业生产、农户或涉农小微企业提供的所有功能的金融服务。

相比普惠金融，农村金融排斥的原因更为复杂，"二元金融"、农业生产的低回报率、高风险、漫长的回报周期、地理环境和农户金融素养不足等，都会成为传统金融排斥的对象，从而成为农村普惠金融的重点对象。为此，本研究进一步给出农村普惠金融的狭义定义。

农村普惠金融狭义上是指在风险可控的范围内，银行业组织向被传统金融排斥的"三农"提供支付和信贷等基本的金融服务。

普惠金融、农村金融和农村普惠金融的关系如图2.1所示。

① 资料来源：中共中央国务院关于实施乡村振兴战略的意见（2018年中央一号文件）［EB/OL］.（2018-02-04）［2021-05-05］. http://www.gov.cn/zhengce/2018-02/04/content_5263807.htm.

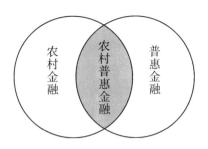

图 2.1　农村金融、普惠金融和农村普惠金融的关系

农村普惠金融既是普惠金融，又是农村金融，由于普惠金融重点在农村，因此，普惠金融研究的成果，同样适用于农村普惠金融的研究。

2.1.2　金融科技和科技金融

2.1.2.1　金融科技

金融科技广义上泛指企业运用科技手段使金融服务变得更有效率，这种新型的"金融+科技"的形态被称为金融科技。

"金融+科技"是金融和科技的深度融合，根据其融合的方向不同，形成了金融科技和科技金融；金融科技在发展的过程中，金融科技也常用于指金融科技行业、金融科技企业或在金融领域使用的信息科技。在农村普惠金融中，由于金融机构在推动农村普惠金融中的中坚作用，本研究进一步给出金融科技的狭义定义。

狭义的金融科技是指金融机构或企业为实现高效率、安全的金融服务和金融管理，采用的高新信息技术，以及信息技术在金融中的创新和应用等。

实践中，金融机构运用金融科技实施金融创新，形成具体的金融服务、金融工具或金融产品，人们通过使用金融服务，最终推动普惠金融的发展。相比金融科技本身而言，金融科技应用对普惠金融的发展更直接，也更容易观测。本研究进一步给出金融科技应用的定义。

2.1.2.2　金融科技应用

金融科技应用狭义上是指金融机构采用高新技术，根据用户的需求运用技术的手段创新金融服务，包括发展金融网络、提供金融服务平台和终端程序以及利用数据驱动金融决策等。

金融科技应用体现了金融机构最终将金融科技转为普惠金融服务的能力，其具体使用情况体现了人们对金融服务最终的接受水平。被传统金融排斥的农村弱势群体通过金融服务满足了金融需求，则表明普惠金融得到了发展；反之，由于金融服务的门槛效应，普惠金融仍未能得到发展。

2.1.2.3 科技金融

科技金融是金融服务面向高新科技企业，用于支撑技术创新的金融，包括高新科技企业的融资、信贷、质押等。

科技金融是促进科技开发、科技成果转化和高新技术产业发展的一系列金融工具、制度、政策与金融服务的系统性、创新性安排（赵昌文，2009），科技金融和金融科技常常被不加区别地认为是金融和科技的结合（王宏起，2012）。事实上，金融科技是指金融机构提供的电子支付、移动银行及移动金融等；而科技金融则是高新科技企业的投资和融资服务等。如果是涉及金融服务的高新科技企业的投资和融资的相关问题，则企业既有金融科技的内容，也有科技金融的内容。

2.2 普惠金融的本质

"普惠金融"（inclusive finance）最早于 2005 年由联合国提出，旨在为社会所有的人群提供有效的金融服务。普惠金融虽然关注所有人的金融服务，但是由于传统金融在资源配置中对富人的关注，普惠金融更加注重长期被传统金融排斥的用户的金融可得性，因此，普惠金融旨在通过赋予处于金融边缘地带的人们获得更广泛的经济机会的能力，实现经济的可持续发展。其提供的金融服务（Corrado et al.，2017），主要是存、贷、汇等基本金融服务。由于金融资源的有限性，信贷是普惠金融的重要内容之一，而资金转账则是因为经济、信息技术和网络技术的发展，近年来才逐渐被重视。

2.2.1 普惠金融围绕"所有人"的金融服务进行演变和发展

"普惠金融"正式提出之前，国内外的"普惠金融"以多种形式存在，从不同的方面提供了"普惠金融"的部分功能，在社会中扮演"普惠金融"的角色。

国际上，普惠金融核心理念最早可追溯至 15 世纪罗马教会设立的当铺，一些社会慈善家为弱势群体提供小额信贷，减少低收入群体通过高利贷获得金融服务的成本。18 世纪，在欧洲等地的一些邮政储蓄金融为低收入群体提供储蓄、支付结算等金融服务；18 世纪 20 年代，爱尔兰贷款基金诞生，主要通过捐赠所得，为低收入农户提供无息小额信贷，它在后期由慈善机构变成金融机构，但是，它受到其他金融机构压制而最后倒闭；受爱尔兰贷款基金的启发，德国社区储蓄信贷合作社遵循自愿原则，为社区提供金融服务（Seibel，2016）；20世纪70年代，一些典型的小额信贷在巴西、孟加拉国出现；20世纪80年代，小额信贷突破了早期的扶贫金融的观念，摆脱了政府补贴和捐赠的影响，独立并直接向低收入群体提供金融服务；20世纪90年代，随着贫困人口的金融服务需求的增加，微型金融取代了小额信贷，从而提供了更全面的、多层次的金融服务，如存款、贷款、支付以及结算等金融服务。这一阶段，多样化的金融机构如大型商业银行、信贷组织、信用合作社等参与到金融服务中并提供了多层次的金融服务。

我国普惠金融最早可以追溯至西周时期宗族内部的无利息的借贷，而且在这一时期，已经有很成熟的国家贷款体系，能提供低息或无息的贷款，如十日内免息的祭祀贷款、低息的经营性贷款以及针对农业发展的"农假贷"（杨乙丹，2017）；到战国中期，商品经济的发展，促进了实物借贷向货币借贷的发展①；明清时代出现了钱铺、银楼、票号、钱庄等多种高利贷的金融机构（孔祥毅，2010），但是政府在必要的时候也会通过政府赈济的方式帮助民众，以维护社会稳定；民国时不仅有钱庄、典当行等，还有各类合会，其中，谷会一般为贫民组织，通过集资谷物的方式在必要时获得低息借贷（袁翔珠，2014）。1923年6月，"中国华泽义赈救灾总会"在河北省香河县成立了第一个农村信用合作社（贺富海和马宇翔，1986），典当、合会逐渐被取消，更多的信用社和农村银行建立并被纳入国家正规的金融体系；1978年后，随着经济的发展，一些致力于普惠金融的小额信贷和小微银行的出现，随后，普惠金融发展了小额信贷和小微金融，整合金融机构的资源，为社会各阶层提供金融服务。在2005年开展的国际小额信贷年的推广活动中，中国小额信贷联盟秘书长白澄宇提出将"Inclusive Financial System"翻译为"普惠金融体系"；与此同时，联合国开发计划署与中国人民银行等合作开展"建设中国普惠金融体系"项目，在2006年3月，中国人民银行在小额信贷论坛上，正式使用了"普惠金融"的概念。

普惠金融得到突破性的发展是2012年6月，胡锦涛同志在二十国集团峰会上，使用并阐述了普惠金融的含义，指出：普惠金融的问题本质上是发展问题，希望各国共同建立一个惠及所有国家和民众的金融体系，确保各国特别是发展中国家民众享有现代、安全、便捷的金融服务；随后，陆续出台了一系列

---

① 胡磊.战国至西汉借贷活动试探［D］.南京：南京师范大学，2014：29-35.

纲领性文件，引导和发展普惠金融，例如：《中共中央关于全面深化改革若干重大问题的决定》《国务院办公厅关于金融支持经济结构调整和转型升级的指导意见》《国务院办公厅关于金融支持小微企业发展的实施意见》《国务院办公厅关于金融服务"三农"发展的若干意见》等重要文件和政策。

现在广为接受并在研究中使用的普惠金融是从 20 世纪 90 年代的公益小额信贷开始的。焦瑾璞等（2015）研究认为，中国社科院在 1993 年发起的扶贫经济合作社，体现了普惠金融的思想；2011 年后，国家采用支付牌照的管理方式，吸收了大量的信息科技企业参与到普惠金融中，通过金融科技的创新，为社会各层次、"所有人"的金融需求提供金融服务。在 2013 年互联网金融出现之前，普惠金融主要关注用户转账等金融服务；在 2013 年后，互联网金融向社会提供信贷服务；随着互联网金融监管体系的形成，2017 年，金融科技广泛用于发展普惠金融。金融科技不仅用于普惠金融的转账，而且通过对用户金融信息价值的挖掘，以及用户信用模型的建立，为用户提供信贷服务，使普惠金融长期以来最为关注的信贷问题通过普惠金融服务得到较大程度的解决，普惠金融的内涵和外延都得到进一步发展。

2.2.2 普惠金融通过重视弱势群体的金融服务实现对"所有人"的金融服务

李涛等（2016）将普惠金融定义为在风险可控范围内，向社会各阶层和所有群体提供金融服务。传统金融中排斥的小微企业、农民和城镇低收入人群等弱势群体是普惠金融的重点服务对象。

Nations（2006）和晏海运（2013）研究认为普惠金融强调人人享有公平合理的金融权，有权获得金融服务，包括存款、贷款、汇款等核心金融服务；强调"普惠"所有人群，逐渐消除现有金融体系存在的二元结构的现象；他们强调提供全面的金融服务，除基本的信、贷、汇业务之外，还有投资、融资等；强调金融机构广泛参与，建立所有金融组织或持有支付牌照的非金融组织以各种形式参与的金融体系；普惠金融强调可持续发展，普惠金融虽然是帮助弱势群体获得金融服务，但是普惠金融不是慈善，它通过金融服务的利润实现可持续发展；普惠金融通过帮助贫困人口获得金融支持参与经济活动，达成既定的经济目标，具有扶贫的作用。

王颖和曾康霖（2016）从经济伦理本质和史学解释了普惠金融，认为普惠金融中普惠的包容边界是所有人，只有当普惠金融兼顾所有群体的广义普惠，普惠金融的发展才会更有效，但是弱势群体的早期的禀赋造成了金融要素配置、收入分配和再分配的非均等性，普惠金融较多依赖政策扶持，并建议通过禀赋相当的弱势群体间进行互助、合作、众筹等方式发展普惠金融，使其减少对财政的依赖。

星焱（2016）研究认为"所有人"的金融服务是有选择性的，"所有人"的金融服务将使普惠金融变得更"宽泛"和"无效"，并会使普惠金融发生偏移。普惠金融的服务对象是弱势群体，即被传统金融排斥的贫困、边远地区的这类特殊群体，因为自身禀赋或外部环境约束得不到金融服务，也被称为具有长尾特征的"长尾"群体，而这类群体主要在农村，因此，普惠金融也是农村金融的重要内容之一。

普惠金融的发展，使"所有人"都得到金融服务。因此，普惠金融在金融服务上具有可得性，不因为地域或贫困影响其获得基本的金融服务；普惠金融在服务价格上具有合理性，让金融服务在农村金融市场不仅有生产者剩余，还应有消费者剩余；在金融服务可得性的前提下，金融服务应安全、有效率，而且在基本的金融服务满足的情形下，应为弱势群体提供更全面的服务，即金融服务可得、价格合理、安全、有效率以及全方位，简称为"普惠金融的五个核心要素"。

2.2.3 普惠金融与小额信贷、小微金融和农村金融之间的关系

小额信贷是指面向小微企业及中低收入群体提供小额度的信贷。小额信贷是金融服务的一种，是普惠金融的内容之一。小额信贷是普惠金融的一种特例，是主要针对弱势群体的信贷服务，普惠金融是对小额信贷的深化和发展，是为所有阶层的人群提供便利而且是可持续的金融服务（李明贤和叶慧敏，2012）；杜晓山（2006）认为小额信贷是整个金融体系的一个组成部分，而普惠金融主要是帮助因贫困得不到金融服务或因地区偏远得不到金融服务的群体获得金融服务。因此，普惠金融和小额信贷有密切的关系，但是小额信贷不同于普惠金融（中国银监会合作部报告组，2014）。

小微金融是指面向小微企业及中低收入群体提供的金融服务。小微金融不仅包含小额信贷，还包括存款、保险和其他金融服务，这些金融服务有来自正规金融机构的微型金融服务，也有非正规金融机构和个人开展的微型金融服务。与小额信贷相似的是，小微金融也主要是针对弱势群体的金融服务。小微金融不同于普惠金融（白钦先和张坤，2017），普惠金融整合了分散的小额信贷和微型金融，其目标是建立一个完整的金融体系。因此，普惠金融需要更多、更广泛的金融机构参与，无论是针对低收入群体的金融产品，还是金融服

务环境的问题，都能得到有效的改善。

普惠金融的本质是实现对"所有人"的金融服务。被排除在传统金融服务之外的弱势群体无法获得包括储蓄、结算、转账以及投资和融资等适合他们需求的金融服务，因此成为普惠金融的重点对象。在普惠金融体系下，通过金融支持帮助弱势群体提高收入，通过金融的手段，增强弱势群体自身的经济造血功能，帮助其真正摆脱贫困。普惠金融与其他金融（小额信贷、微型金融、农村金融）的比较如表2.1所示。

表2.1　普惠金融与小额信贷、微型金融、农村金融的比较①

概念	理论基础	机构类别	业务种类	覆盖面
小额信贷	信息不对称理论、交易费用理论	专门的小额信贷组织（只贷不存）	贷款业务	贫困者、弱势群体
微型金融	信息不对称理论、交易费用理论	所有金融机构	所有金融服务	小微企业、个人
农村金融	交易费用理论、和谐社会理论	农村金融机构	所有金融服务	"三农"
普惠金融	发展权理论、和谐社会建设理论	所有金融机构	所有金融服务	所有企业或个人

中国银行西藏自治区分行课题组（2018）将普惠金融与小额信贷、微型金融进行比较，其关系如图2.2所示。

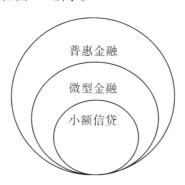

图2.2　普惠金融与小额信贷、微型金融的关系②

① 数据来源：高霞.当代普惠金融理论及中国相关对策研究［D］.沈阳：辽宁大学，2016：19-20.

② 中国银行西藏自治区分行课题组.普惠金融现状分析及商业银行发展策略思考［J］.国际金融，2018（2）：48-56.

相比小额信贷和微型金融，普惠金融的覆盖范围更广，在金融科技的渗透下，普惠金融还包括支付等基本金融服务。

2.3 普惠金融与经济的双向影响

普惠金融的重要性在于为经济的发展提供金融支持，促进经济增长；同样，经济的发展也影响一个地区普惠金融发展水平。Anand 等（2013）在研究中认为普惠金融的发展和经济增长相互影响。

2.3.1 普惠金融的发展影响经济增长

杜强和潘怡（2016）运用我国 31 个省（区、市）2006—2013 年的面板数据分析后认为，我国普惠金融存在地区差异，普惠金融水平上，我国东部地区高于中西部地区，而且，普惠金融对经济的影响存在二次项，即普惠金融的发展对经济的增长存在最优解，东部地区普惠金融对经济增长存在抑制现象，中西部的普惠金融发展对经济增长存在促进作用；李涛等（2016）研究认为，普惠金融的发展使金融作为中介在深度上对经济增长具有重要影响，在广度上也对经济的发展有重要影响，它扩大了金融体系的覆盖范围，通过金融服务为传统金融排斥的对象提供金融支持，降低小微企业等弱势群体的资金流动性约束，提高金融资源配置效率。对于金融尾部 80% 的用户[①]实施普惠金融，将能有效推动经济增长。当然，普惠金融的发展也会损害经济的增长，如果被金融排斥的弱势群体过度依赖金融的手段实现资金的流动性，会对经济的增长产生负面效应。Corrado G（2017）研究认为，普惠金融是实现普惠性经济增长的关键内容，主要通过信贷服务为农户提供能接受的公平的金融服务。

普惠金融对经济的增长还体现在普惠金融的扶贫、减贫效应方面。罗斯丹（2016）等用实证的方法，运用全国各省（区、市）的面板数据，证实了普惠金融减贫效应随着人均收入水平的提高而增强；朱一鸣和王伟（2017）研究了普惠金融如何实现精准扶贫，运用 2 018 个县级数据，实证分析得出普惠金融发展通过经济增长的中介效应促进减贫增收，因此在精准扶贫中，应通过普惠金融实现贫困精准定位，提高金融资源配置效率。王伟和朱一鸣（2018）

---

① 谢铱洋，孙娟，袁菲，等. 长尾视角下的普惠金融发展研究 [J]. 金融纵横，2015（1）：61-68.

运用我国 592 个贫困县的数据，实证分析得出如果普惠金融只注重解决接触性排斥的金融问题，而忽视了实用性排斥的金融问题，则会导致资金外流，使普惠金融的减贫效应转为致贫效应，对经济发展产生负面影响。

普惠金融对经济的增长存在最优解，普惠金融对经济增长有正向或者负向的影响。只有系统性地分析金融排斥问题的根源，才能更加有针对性地发展普惠金融，使之促进经济的增长。

2.3.2　经济水平影响普惠金融的发展

Beck 等（2009）研究认为经济增长对普惠金融发展有显著影响；蔡洋萍（2015）采用实证分析研究湖南、湖北、河南中部三省（2005—2013 年）的普惠金融发展水平和影响因素时，认为中部三省的普惠金融发展水平逐年提高，经济（农村居民人均收入和地区人均收入）对普惠金融发展水平具有正向影响。她分析认为农村居民人均收入影响金融机构对个体的信用评定，关系到用户能否获得金融服务；地区人均收入关系到金融机构的整体投资意愿。张正平和杨丹丹（2017）使用全国省级短面板数据（2010—2014 年），分析认为人均GDP（国内生产总值）对普惠金融的发展有影响。此外，信息技术的水平对普惠金融也有影响，而且，信息技术对普惠金融的影响效应大于经济对普惠金融的影响效应，西部地区的影响较大，分析认为与西部地区的信息化水平较低有关。张宇和赵敏（2017）运用西部六个省份（四川、贵州、云南、陕西、甘肃、青海）2009—2014 年的面板数据分析农村普惠金融的影响因素后认为，经济（第一产业）的发展对普惠金融的发展有正向的影响，同时，信息技术的发展对普惠金融的影响效应也很显著。

2.4　金融科技对普惠金融的影响

上述分析经济对普惠金融的双向影响的文献中，已经关注到信息技术对普惠金融的影响，而信息技术是金融科技在金融领域中应用的主要形式。

2.4.1　金融科技本质上是金融和技术的融合

2.4.1.1　金融科技的发展是"技术+金融"不断融合的过程

王淳（2017）、王禹人和赵乌兰（2018）认为，我国金融科技实现了低利润、低资产率向高创新、高增长的发展，并将金融科技划分为三个阶段：IT

技术应用、互联网金融和金融科技。陈伟钢和李关政（2015）研究认为，金融科技的应用最早可以追溯到电子支付中的电子资金转账（electreonic funds transfer，EFT）系统的应用。参照电子银行划分的几个阶段，金融科技发展到现在大致经历了以下阶段①："金融科技 1.0"主要特征是将信息技术用于资金转账，在此期间，金融行业和科技行业彼此分离，科技行业为金融行业提供技术辅助服务，称为金融信息化阶段。"金融科技 2.0"通过金融专网或可信的电话网络延伸金融服务网络，通过信息技术的使用，金融机构开始发行银行卡，提供 ATM、POS 等服务，提供用于资金清算、信息管理和信息安全及金融风险监管的信息系统。部分文献也将"金融科技 2.0"和"金融科技 3.0"合在一起，称为互联网金融阶段②。"金融科技 3.0"将金融网络延伸到互联网，通过金融创新优化金融服务，在此期间，电子商务的发展不仅促进金融机构通过技术提高金融服务质量，也促进了非金融机构提供支付服务、发展互联网金融。"金融科技 4.0"明确提出，"金融科技"由金融和科技的英文合并而成，称为"Fintech"（王丽辉，2017），重视前沿信息技术在金融服务创新中的应用，大数据、云计算、人工智能、区块链等新的 IT 技术用于金融创新，改变了传统金融信息的来源、风险定价模型、投资决策过程和信用中介角色，等等。

金融科技应用不仅提高了传统金融的运行效率，而且还能进行大量信息的收集、信息叠加和数据挖掘，较大限度地解决了传统金融的风险等许多不足的问题，如大数据征信、人脸识别下的金融资产管理以及银行智能卡的推广与使用等。2011—2016 年，全球金融科技的风险投资从 24 亿美元增长到 232 亿美元。

在金融科技的应用下，科学技术被广泛用于金融业，实现由电子支付从资金流引起的金融领域自下而上的金融创新，在资金流信息化的基础上，广泛应用信息科技的前沿成果，进行金融创新，优化金融服务的流程和风险管理，降低金融服务的成本，提高金融服务的可达性，真正将"所有人"纳入金融体系的范围；同时，更多资金投向了金融科技项目或企业，推动了金融科技的应

---

① 张卓其，史明坤. 网上支付与网上金融服务 ［M］. 大连：东北财经大学出版社，2006：35-39.

② 资料来源：什么是 Fintech？金融科技的发展历程是怎样的？［EB/OL］. (2020-06-14) ［2021-05-04］. http://www.sohu.com/a/401844666_240534；金融科技的发展历程 ［EB/OL］. (2020-10-16) ［2021-05-04］. https://www.sohu.com/a/425151132 t20071183.

用和金融创新，推动普惠金融的各参与主体的利益增长，促进普惠金融的可持续发展。

银行作为金融服务的主体机构，在网上银行和移动银行发展以前，信息科技的应用主要将传统的金融服务电子化，随着网上银行和移动银行的兴起，信息科技与金融相互作用，通过优化金融服务流程等手段，创新金融服务，弥补现有金融服务的不足（李文红和蒋则沈，2017）。1995年SFNB（美国安全第一银行）以全网银的方式，开始对银行的业务实施创新，促使信息科技更广泛地应用于金融服务（夏智灵和周伟，2001）。中国人口多，2015年"金融科技"这一概念进入我国后，金融科技表现出较美国和欧洲更明显的优势（Lee & Shin，2018），在网络经济的作用下，不仅使人们以更低的成本得到金融服务，也使金融服务组织在规模效应的驱动下创新出更好的金融服务和金融产品，实现金融服务下沉，最终达到普惠金融的目的。

2.4.1.2 技术是金融科技的核心内容

"金融科技"最早是在1972年提出的（Bettinger，1972），是一种用于金融管理所使用的计算机科学技术，随后，在应用和发展的过程中，金融科技被多次定义。沃顿商学院将金融科技定义为用技术提高金融体系运行效率的经济企业；Schueffel（2017）全面研究了金融科技的定义后认为金融科技可以根据问题研究的需要，表示产业、企业或技术。当金融科技表示产业时，代表高新技术与金融领域结合产生的新兴产业，主要研究该产业的投资能力、融资能力和行业发展等；当金融科技表示企业时，代表运用高新技术从事金融业务的高新企业，主要研究其金融创新和风险控制；当金融科技表示技术时，则是指用于金融服务中的高新技术，如区块链、人工智能等。因此，无论在金融科技是指产业还是企业时，技术仍然是金融科技的核心内容，而"金融科技"则是用于金融的所有高新技术的总称。

金融科技中，运用科技手段提供金融服务的非金融机构称为金融科技企业（Arner et al.，2015），如：Prosper平台，为开展金融服务，采用信息科技前沿技术如区块链技术、大数据挖掘、人工智能、机器学习和云计算等，这些在金融领域中使用的科学技术称为金融科技。

金融科技应用在支付、清算、融资租赁、保险、互联网金融等方面，形成对金融市场、机构及金融服务产生重大影响的业务模式、技术应用以及流程和产品（李文红和蒋则沈，2017），表示了金融科技被转化为金融服务能力；用户接受上述金融产品，并通过金融产品获得金融服务，则实现了金融科技应用对普惠金融的发展。

2.4.1.3 金融科技与互联网金融的关系

许多文献将金融科技等同于科技金融或互联网金融，事实上，金融科技和互联网金融既有本质的区别，也有联系（贺建清，2017）。金融科技重视对高新技术的应用，采用高新技术提高金融服务效率、降低金融服务成本和实施风险管理；而互联网金融则是一种金融模式，如网络众筹、P2P 借贷，等等。

互联网金融是指利用信息技术，在网络环境中开展金融服务，包含电子支付、信息处理和资源配置等内容。因此，互联网金融和金融科技在技术上有交叉，但互联网金融本身是一种新兴的金融模式（谢平和邹传伟，2012）。

互联网金融是传统金融机构在互联网环境下的一种表现形态，是互联网与金融的外在结合。互联网金融不仅未能解决传统金融的风险问题，还放大了金融风险；金融科技的应用源于金融行业创新内在的动力，本身仍具有很强的金融属性，大数据、云计算等高新技术与金融协同发展，因此，金融科技应用产生的新兴的金融业务模式、金融产品和服务是金融本身的发展，其应用和创新适用于传统的金融机构和致力于金融服务的互联网金融组织。目前，根据巴塞尔银行对金融科技的分类，我国的金融科技模式有支付结算、存贷款与资本筹集、投资管理和市场设施等方面，如表 2.2 所示。

表 2.2　金融科技业务模式分类

支付结算	存贷款与资本筹集	投资管理	市场设施
● 零售类支付 　移动钱包 　点对点汇款 　数字货币 ● 批发类支付 　跨境支付 　虚拟价值交换网络	● 借贷平台 　借贷型众筹 　线上贷款平台 　电子商务贷款 　信用评分 　贷款清收 ● 股权融资 　投资型众筹	● 智能投顾 　财富管理 ● 电子交易 　线上证券交易 　线上货币交易	● 跨行业通用服务 　客户身份数字认证 　多维数据归集处理 ● 技术基础设施 　分布式账户 　大数据 　云计算

资料来源：李文红，蒋则沈. 金融科技（FinTech）发展与监管：一个监管者的视角［J］. 金融监管研究，2017（3）：1-13.

在表 2.2 中，支付结算是金融科技的核心内容，其资金流动是金融的基础；存贷款与资本筹集是金融科技在金融中典型的金融模式；投资管理是金融科技在金融中的具体的科技服务形态；市场设施是金融科技的技术保障。

在研究金融科技时，现有研究很难对金融科技的所有业务模式进行讨论和研究，常选定一类组织的一种固定的金融科技业务模式进行研究，用于观察金融科技的发展以及比较地区间金融科技应用水平的差异。由于正规金融机构在农村金融中的主体作用，本书选择金融机构的支付结算对金融科技进行具体的研究。

2.4.2 信息技术促进了普惠金融的发展

郭兴平（2010）对广西的电子化金融服务渠道调研后，研究认为通过信息技术构建电子化金融渠道，对普惠金融的发展具有促进作用。田杰和陶建平（2012）通过1 765个县级数据，研究了社会经济特征、信息技术与金融排斥度之间的关系，得出信息技术使用比例越高的地区，金融排斥度越低；而且我国呈现沿着东部、中部到西部的路线，金融排斥度越来越高。因此，他们认为在金融中加强信息技术的使用，如拓展现代支付工具对发展普惠金融具有有效性。马九杰（2012）比较研究了发展中国家的信息与通信技术（ICT），研究认为信息技术在减少金融交易成本、缓解信息不对称、提高决策效率等方面推动了普惠金融的发展，尤其适合应对偏远、贫困地区普惠金融发展问题，其金融服务创新更适合该类人群的金融需求。Bansal（2014）在研究中认为普惠金融有利于经济增长，针对城乡普惠金融的不同，农村的普惠金融应借助ICT，将更多的人纳入金融体系服务范围，借助信息技术平台，支持更多的金融服务。通过对印度的案例分析，发现ICT可以有效降低交易成本，对农村金融的供需双方都有利。陶建平等（2017）以湖北省的县域经济为案例，研究了信息化发展水平对普惠金融的影响，研究认为信息技术在促进农村地区的普惠金融发展方面有重要的作用，因此，应充分发挥涉及农村金融的相关部门的作用，促进普惠金融的发展。徐光顺（2018）等采用微观调查数据，研究认为技术对普惠金融发展的促进作用，其技术表现为用户上网提高了用户对普惠金融的参与，而且技术的使用在应对偏远地区的问题上具有明显的效率，表现为用户对技术的使用在离中心城区（传统金融网点）的距离上具有明显的差异，此处的技术主要体现在信息技术和网络技术等。

2016年G20杭州峰会的《G20数字普惠金融高级原则》（以下简称《原则》）中，数字普惠金融统一概括了互联网金融、科技金融以及其他形式的数字普惠金融（胡滨，2016）。在数字普惠金融应用中，金融信息采集、决策、风险管理和资源配置部分或全部由信息系统进行决策。王晓（2016）在研究中认为数字技术较大限度解决了普惠金融应用中成本与风险的问题，数字普惠金融将是未来普惠金融发展的趋势。因此在数字普惠金融中应提供更广泛的数字普惠金融基础设施，支持现代支付体系、信用体系的建设，建立与数字普惠金融一致的金融监管体系。吕家进（2016）在研究中总结出普惠金融的四个典型特征，分别为服务覆盖广泛化、客户群体大众化、风险管理数据化以及交易成本低廉化，并以中国邮政储蓄银行为例提出了建立数据共享机制、通过金融知识宣传优化金融生态环境等策略。宋晓玲（2017）采用我国 31 个省份（2011—2015 年）数据研究，认为数字普惠金融能缩小城乡居民收入差距，发展普惠金融，并提出在数字普惠金融的基础上构建普惠金融生态圈。吴金旺等（2018）认为数字技术在较低的获客成本和大数据风控方面支持了普惠金融可持续发展，提出了对数字普惠金融实施混业监管。

2.4.3　金融科技应用提高了普惠金融的综合服务能力

2.4.3.1　金融科技应用有利于普惠金融的发展

郭田勇和丁潇（2015）从银行金融服务的视角，比较国内外普惠金融后发现，金融科技的发展有助于普惠金融的实施；王广宇和何俊妮（2017）研究认为，金融科技主要是提供普惠金融服务，由于金融科技应用本身具有较大的风险，金融科技的应用应加强金融风险监管，使之真正发展为普惠金融；Gabor & Brooks（2017）研究认为，普惠金融正在通过金融科技实施变革，有具体的金融服务创新，也有金融科技对普惠金融实施流程、渠道的改变；Chen（2016），马智涛和姚辉亚（2017）等研究了我国的金融科技的应用和发展，认为我国的金融科技发展了普惠金融。

金融科技在理论上发展了普惠金融，但金融科技不仅服务于普惠金融，金融科技的应用也推动了金融服务的创新和金融产业链的升级，以实现数字普惠金融的构想。

2.4.3.2　金融科技的应用有利于提升银行的服务质量

Dapp et al.（2014）在其研究报告中指出金融科技是发生在金融领域，通过数字技术推动的金融创新，该创新不仅是金融内容及服务的数字化，而且是基于金融信息数字化，金融服务流程、制度以及管理的创新，但是它仍然是围绕金融的本质在进行创新。Dapp et al.（2015）研究认为，金融科技使传统的银行形成了有机的生态系统。Mackenzie（2015）指出金融科技提高了传统的银行业的服务效率。Jie & Chen（2015）研究了一种基于大数据的将传统银行与互联网金融整合的路径、方法。Guo & Liang（2016）研究了在银行业中使用区块链技术，提高银行业的货币效率和提高资金的安全性，等等。在我国，周虹（2009）将手机支付作为金融科技的应用，认为银行业发展手机支付是我国支付的一种重要的方式，而且从银行的角度提出了手机支付的实施策略，如手机支付的标准制定，等等。

因此，金融科技的应用不是信息科技公司提供金融服务的专利，银行作为我国重要的金融组织，理应采用金融科技的手段提高金融服务的质量。在我国银行中，民生银行在金融科技的创新和应用方面取得了较多的成果。

2.4.3.3 金融科技产业是金融市场的一部分

一些信息科技公司利用信息技术优势参与金融服务而形成了金融科技产业。虽然金融科技和互联网金融在本质上具有差异，但是，当金融科技和互联网金融用于某种产业的时候，国内的研究普遍认为金融科技和互联网金融是一致的。因此，在将金融科技作为产业的研究中，刘澜飚等（2013）对互联网金融的发展模式及对传统金融的影响进行了研究，分别讨论了在互联网金融中各金融中介所扮演的角色的转变；王伟（2014）提出互联网金融产业及互联网金融产业基地的建设，并以贵州省为例，阐述了互联网金融产业生态的建设，这里的互联网金融产业与国际上的金融科技产业的含义近似；Shim & Shin（2016）从行为科学方面研究了我国金融科技产业的发展，作为异质的金融科技，行为理论中的网络理论解释了金融科技中网络关系的建立与消失的过程；Kotarba（2016）研究认为金融科技企业是影响银行业低端客户关系管理的主要因素，这些金融科技的企业或产业均是指参与金融服务的信息科技公司或产业。

将金融科技作为产业进行研究，是因为金融科技企业不同于金融机构，但它们却通过技术的方式参与金融服务，为遏制金融科技创新和应用产生的金融风险，其管理通常采用发放支付牌照等方式进行监管。

2.4.3.4 金融科技的应用具有不确定的金融风险，应强化金融监管

我国关于金融科技的监管主要是在互联网金融方面，洪娟（2014）研究了互联网金融风险的复杂性与特殊性，针对互联网的特殊性，提出了互联网金融的风险防范与监管对策；李文红和蒋则沈（2017）研究了金融科技的监管，认为新技术的创新和应用虽然加速了新型的金融服务模式的诞生，不会对金融体系稳定性产生大的冲击，但也会带来潜在的金融风险从而促进对金融监管的研究；Pilkington（2016）研究了运用区块链技术的电子货币的风险管理的理论和方法，研究金融科技的风险管理问题；Sobehart（2016）研究了金融科技环境下的金融风险的不确定性。

2.4.4 金融科技应用发展了农村电子支付市场

在移动支付出现以前，其研究主要从正规金融机构的角度研究电子银行、电子支付服务、信贷等（Cracknell，2004；Taddesse et al.，2005），包括金融科技创新在应用中的影响因素等（He & Mykytyn，2008）；移动支付出现以后，特别是肯尼亚 M-PESA 在实践中的成功应用，移动支付成了实施普惠金融的金融服务创新的主要内容，Hughes（2007）研究了 M-PESA 在支付工具的选择和支付系统上的金融服务创新；Mas（2009）在 M-PESA 基础上从电子货币的角度提出金融服务创新；Reeves et al.（2013）分析了金融机构实施移动支付的过程中，移动支付对普惠金融的积极作用；Onsongo（2017）研究 M-PESA 在普惠金融中的实施过程；Kiai et al.（2016）研究利用 M-PESA 等移动支付的方式实施投资和融资，发展普惠金融。移动支付的广泛应用，使人们关注到移动支付本身的金融科技应用；Tan（2014）研究认为，在移动支付中，NFC 近程支付对推动电子支付更有意义；Liébana et al.（2017），Williams et al.（2017）研究了人们接受移动支付的影响因素，以便创新更符合人们金融需求的电子支付工具、支付方式和支付系统。

国内对农村的电子支付始于 2001 年上海农信社发行银行卡，农村三大正规的金融机构（农村信用合作社、邮政储蓄银行和中国农业银行）分别在 2008 年开始实施农村金融服务创新，提供电子支付服务；自 2010 年起，历年的中央一号文件都强调推动农村金融服务创新。目前，研究者普遍认为农村的金融服务存在供给性金融抑制或需求性金融抑制，或者两种抑制同时存在。在供给抑制方面，谢平（2001）研究认为，在经济落后地区，"供给会自行创造需求"的萨伊定律在农村金融中普遍存在；我国继 2009 年中国人民银行《关于改善农村地区支付服务环境的指导意见》颁布后，建立了农村电子支付的试点区，针对农村经济的特点推出了 EPOS 等助农取款等示范项目，开通了线上支付、线下支付、手机支付以及通过农村金融机构代理支付等多种渠道。但是，无论是支付系统还是支付工具，皆具有双边市场的特征（牛慕鸿，2010）。刘金龙（2012）提出改善农村的支付清算系统，从金融机构的层面提高支付清算服务的效率。在电子支付促进普惠金融的研究方面，郭美娟（2014）研究认为通过手机银行这一金融服务创新渠道可以在农村实现普惠性的金融服务，提出以银行为主导和以移动运营商为主导发展手机银行两种渠道。任碧云和张彤进（2015）、黄英君和胡国生（2017）认为移动金融对实施精准金融扶贫具有重要的作用；潘晓健和杜莉（2017），于建忠和田东林

（2017）研究认为受农业经济供给侧改革的影响，随农村经济发展产生的金融需求使现有农村金融在多方面存在金融服务缺失，银行业及大型商业银行无论是在资金流动还是在金融服务方面都创新不足；陈明聪和陈岱松（2017）研究通过新型的金融组织所提供的金融服务创新提高农村支付结算效率，如第三方支付公司等将现有的金融科技创新的成果向农村延伸。

因此，金融科技凭借在金融服务创新中的信息技术优势，成了实施普惠金融的重要渠道之一；面对农村经济发展中的需求，正规的农村金融机构的金融服务创新不足，非正规金融机构将金融科技运用向农村渗透，发展了普惠金融。

2.4.5 金融科技应用改善了农村信贷市场环境

在电子支付的渗透下，国外对农村金融科技创新主要集中在贫困地区的金融服务问题上，我国农村金融服务创新则主要研究普惠金融以及金融扶贫等问题。

国际上关于贫困地区金融服务创新的研究，认为依赖信息技术的手段，可以降低金融服务的成本，使资金更有效地服务于社会各阶层。Ivatury（2009）认为应该充分利用信息科技发展普惠金融；Dermish et al.（2011）和 Reeves et al.（2013）综合研究了普惠金融中的移动银行，帮助农户应对日常生活或教育等必要支出实现融资；Morawczynski（2009）指出普惠金融中，成本是影响穷人选择金融服务的重要原因之一，移动银行具有成本优势，是普惠金融首选金融服务创新的内容之一；Hidayati（2011）对不发达地区的移动金融的线上/线下资金转换的交易制度进行了设计，帮助用户使用低成本的金融服务；Suárez（2016）比较了墨西哥和肯尼亚在移动支付中的货币政策；Garg（2007）研究认为普惠金融让资金更多地为穷人服务；Migap et al.（2015）研究认为普惠金融的实施确实有助于贫困地区的经济增长。

国内关于农村金融服务创新的研究主要集中在农户借贷方面，普遍认为农户借贷难，为解决农户借贷难的问题，一是从金融政策上，通过农村金融机构的金融服务创新帮助农户获得信贷，赵洪江等（2008）针对农村经济中城乡统筹的问题，提出农村金融服务创新；针对农村金融机构在运营中的金融服务创新不足的问题，刘积余和赵霜茁（2009）提出从农村金融体系底层进行制度设计，激励各参与主体参与农村金融服务；杨哲和黄迈（2013）提出大的商业银行应加强农村基础金融服务模式创新，将金融服务向农村进行渗透；张云（2015）和李培峰（2016）结合当前的农业经济的特点，分别对农村土地产权改革中的金融服务创新以及脱贫攻坚的金融服务创新进行了研究，以发挥农村金融在经济中的支撑作用；唐晓旺（2015）研究认为，农村金融机构应以"互联网+"作为手段，在金融服务模式、渠道和平台等多方面进行金融服务创新。二是针对农村金融机构的垄断经营导致的金融创新不足的问题，罗剑朝等（2015）提出开放农村金融市场，让更多的金融服务组织参与农村金融，提供农业借贷，发展供应链金融等；王刚贞和江光辉（2017）就农业供应链金融中的农户贷和京农贷案例进行研究，指出供应链金融这一金融服务创新适合产业链中的农业借贷；吴本健等（2017）在研究中认为互联网金融有利于农村的普惠金融的实施，提出在农村推广普惠金融的同时，加强农村互联网金融设施建设，提高农户金融素养；张兵和张宁（2012）和鲁钊阳（2016）分析研究了农村的非正规金融对农户融资问题的影响，提出应充分发挥新型金融的支农作用。

随着农村经济的发展，农民收入不断提高，农户的投资或金融理财也是农村普惠金融的内容之一。刘家悦（2014）研究了金融理财产品在农村的推广路径，认为应根据农户需求实施农村金融服务创新，设计与之对应的金融理财产品，防范理财产品的风险；齐浩志（2016）研究互联网金融在农村理财的应用，提出农户通过互联网金融参与理财。此外，民间借贷作为农村一种传统的投、融资方式，随着农村经济的发展，部分农户缺乏必要的投资和理财渠道，选择民间借贷和非法集资实现定向投资。2014 年《中国农村金融发展报告》显示，农村民间借贷参与率高达 43.8%，但是，民间借贷变得日益复杂，而且金融监管缺失，农村非法集资频繁引发农村金融风险（刘语嫣，2017）。在 2015 年发生在粮食企业中的一则案例中，该案主犯以短、频、快的方式，非法集资 325 户农户的 1.65 亿元资金，使农户因此致贫、返贫，给当地农村金融带来巨大的打击。因此，在 2017 年中央一号文件中明确提出加强金融立法，打击农村非法集资的行为。

在投资、融资方面，无论是政策性金融还是面向"三农"的农村金融，从金融风险管理的角度，农村金融的服务创新更依赖于农村正规金融机构的金融创新。目前，农村正规金融机构的金融创新落后于农村经济中金融服务需求的增长，一些新兴的农村经济缺乏必要的金融服务支持，非正规金融机构在农村金融服务创新中隐藏着较高的金融风险；农村金融在农户投资理财方面的金融服务创新不足，农户缺乏必要的金融素养，他们在参与农村民间借贷和非法集资中很容易遭遇资金风险，引发农村金融风险。

2.4.6　DCEP 应用强化了农村普惠金融的监管

2014 年，我国开始了法定数字货币发行的研究，一方面在实践中加快 DCEP 的发行，2020 年，DCEP 实现了多个场景下试点支付。另一方面，从理论上对 DCEP 进行了研究，探讨 DCEP 的发行和管理。

国际上随着谷歌 Libra 计划的实施，许多国家开始关注央行数字货币。我国关于央行数字货币的研究，目前主要有两个方面：①从货币的职能对 DCEP 进行研究。柯达（2020）指出 DCEP 是 MO 替代、可控匿名和双离线支付，因此，以现金交易为主的农村金融是 DCEP 的主要场所。由于 DCEP 的法偿性，人人都能通过 DCEP 进行存、贷、汇获得金融服务，从而实现金融普惠。②将 DCEP 和私人数字货币进行比较研究。穆杰（2020）研究了央行数字货币的管理是"一币、两库、三中心"双层运营体系；向坤和王公博（2021）比较研究了私人数字货币比特币和央行数字货币，在技术上，区块链技术是数字货币的主要技术，DCEP 除了采用区块链技术之外，也采用其他加密数字货币技术，因此，DCEP 是可控匿名交易，即 DCEP 交易可以定向投放到用户数字钱包，且可以追溯 DCEP 用途。刘光星（2020）研究认为在区块链技术的支持下，金融精准扶贫具有可行性。农村普惠金融中，无论是农业补贴、扶贫专项资金等农村普惠金融，在区块链技术支持下，DCEP 可以直达用户，并通过 DCEP 附加资金用途信息实施金融监管。

DCEP 在农村的应用，在支付上创新了金融科技企业微信、支付宝的支付技术，采用电子钱包管理、支持"碰—碰"双离线支付，降低了支付的使用门槛；DCEP 的法偿性，DCEP 将成为农村主要的支付结算工具。DCEP 作为金融科技的一种应用方式，用户在使用 DCEP 过程中获得金融服务、实现农村金融普惠。而且，用户在使用 DCEP 的过程中增强获得金融服务的意识，提高获得金融服务的能力，也将促进农村普惠金融的发展。

2.5　普惠金融的研究方法

普惠金融的研究主要有三种：定性研究、比较研究和实证分析。其中定性研究多采用案例分析（陈正源，2018；张正平等，2019）。比较研究主要是借鉴国外的普惠金融模式或经验（焦瑾璞，2014）。实证分析是最主要的研究方法：一方面是对普惠金融本身进行评测（尹志超，2019），分析普惠金融的特征；另一方面则是对普惠金融的影响因素进行分析（杜兴洋，2018），其数据来源为问卷调查或宏观经济数据。

2.5.1 普惠金融的计算

农村经济对金融服务的多元化需求，使普惠金融的发展水平难以用单一的指标进行评价；而金融科技应用对普惠金融发展水平的影响，要求对普惠金融进行客观的度量。普惠金融的演变和发展使普惠金融的测评从单一的指标发展到综合指标体系，使用综合评分对普惠金融的发展程度进行评定。

普惠金融包含普惠金融的广度，如业务范围，服务对象在地域上、时间上的范围，等等；也包含普惠金融的服务质量，还包括普惠金融对经济、金融和其他产业发展的影响。

Beck et al.（2007）开创性地构建了测度金融部门覆盖面的 8 个指标，用来衡量普惠金融的发展程度，其指标内容如表 2.3 所示。

表 2.3　Beck et al.（2007）的普惠金融测度指标①

维度	指标	含义
地理渗透性	金融机构个数/平方千米 金融机构从业人员/平方千米 金融机构个数/万人 金融机构从业人员/万人	每平方千米的银行业金融机构数 每平方千米的银行业金融机构从业人员数 每万人拥有的银行业金融机构数 每万人拥有的银行业金融机构从业人员数
金融服务可得性	农村居民人均储蓄存款余额 农村居民人均储蓄贷款余额	农村金融合作机构存款/农村居民人口 农村金融合作机构贷款/农村居民人口
使用效用性	储蓄率 贷款率	农村金融合作机构存款/第一产业增加值 农村金融合作机构贷款/第一产业增加值

表 2.3 的指标衡量了普惠金融的不同方面，在后来的研究中被综合成指数（IFI），以指数作为普惠金融的衡量方式，对农村的普惠金融指数则记为 RIFI。

不同于 Beck et al. 的普惠金融指数，Mandira Sarma（2008）提出普惠金融发展水平的三大维度指标，分别是地理渗透性、产品接触性和使用效用性，他参考联合国开发计划署（UNDP）编制人类发展指数的方法构建普惠金融发展指数；Chakravarty（2012）运用 Sarma 的普惠金融发展指数衡量印度 1972—2009 年的普

---

① 董鹏丽. 我国农村普惠金融发展研究：以山西省为例［D］. 北京：首都经济贸易大学，2017：17-18.

惠金融发展水平，同时还测算了每个维度对普惠金融发展水平的贡献度。

我国在普惠金融的计量方面也做了积极探索。蔡洋萍（2015）使用了改良的普惠金融发展评价指数，对我国中部三省湖南、湖北、河南2005—2013年的普惠金融发展水平进行测度，而且还研究了普惠金融发展的因素；王婧和胡国晖（2013）构建了我国普惠金融发展的评价指标体系，主要从经济方面分析了我国普惠金融的影响因素；焦瑾璞等（2015）在研究普惠金融发展水平时，认为2013年的普惠金融全球合作伙伴（GPFI）的普惠金融指标体系更为全面。

除上述普惠金融指标外，世界银行对普惠金融定义的核心指标，包括银行账户使用情况、存款、借款、支付和保险；有全球普惠金融合作组织（GPFI）定义的普惠金融的核心指标，包括享有正规银行服务的成年人，享有正规银行服务的企业，在正规金融机构发生信贷业务的成年人，以及在正规机构有贷款约定或授信额度的企业；普惠金融联盟（AFI）定义的普惠金融核心指标，有服务网点、金融服务的可获得性和金融服务使用情况。我国定义的普惠金融指数核心指标有银行服务的供给、金融服务的需求，其中银行服务的供给是银行服务的覆盖率和便利性，金融服务的需求是人们的账户开立情况、支付情况、存款使用情况以及贷款使用情况等；也有人使用行政、地理、人口、经济四个维度的金融密度来衡量普惠金融的发展程度，或者以金融服务广度和深度两方面对普惠金融进行评价。

在普惠金融测评中，即使不同的文献选择了相同的普惠金融指标，然而，其各指标的定义也不完全一致：一部分文献将普惠金融的服务质量定义为信贷对经济的增长的效用；一部分文献则将服务质量定义为法律权益的保护、征信信息的深度以及服务质量（伍旭川和肖翔，2014）；还有部分文献的普惠金融服务质量的定义中加入了对保险、证券市场的考察。

随着信息科技在金融领域越来越广泛的应用，非金融机构的数字化程度进一步提高，通过技术优势让更多的人使用金融服务，从而推动了普惠金融的进一步发展，同时，数字普惠金融也引起了广大学者的关注。在数字普惠金融方面，北京大学数字金融研究中心构建的数字普惠金融指数，不同于传统的普惠金融指数，数字普惠金融指数如表2.4所示。

表 2.4　北京大学数字金融普惠指数①

一级维度	二级维度		具体指标
覆盖广度	账户覆盖率		每万人拥有支付宝账号数量 支付宝绑卡用户比例，平均每个支付宝账号绑定银行卡数
使用深度	支付业务		人均支付笔数，人均支付金额 高频度（年活跃 50 次及以上）活跃用户数与年活跃 1~49 次户数之比
	信贷业务	个人用户	每万支付宝成年用户中有互联网消费贷的用户数
			人均贷款笔数，人均贷款金额
		小微经营者	每万支付宝成年用户中有互联网小微经营贷的用户数
			小微经营者户均贷款笔数，小微经营者平均贷款金额
	保险业务		每万人支付宝用户中被保险用户数
			人均保险笔数，人均保险金额
	投资业务		每万人支付宝用户中参与互联网投资理财人数
			人均投资笔数，人均投资金额
	征信业务		每万支付宝用户中使用基于信用的生活服务人数（包括金融、住宿、出行、社交等），自然人征信人均调用次数
	便利性		移动支付笔数占比，移动支付金额占比
数字支持服务程度	金融服务成本		小微经营者平均贷款利率
			个人平均贷款利率

　　总之，从普惠金融到数字普惠金融，都有关于普惠金融测评的研究，而且对普惠金融主要关注其广度、深度和有效度等方面的问题。实际运用中，根据数据的可得性、是宏观数据还是微观数据以及研究需要，在保障指标体系的信度和效度的原则下，重新定义其二级指标的内容和具体含义。

2.5.2　普惠金融实证分析的模型选择

　　普惠金融的实证分析主要有两种模型，一种是将普惠金融的发展作为产出，将影响因素作为对普惠金融的投入，采用乘数模型，参照柯布—道格拉斯生产函数 $Y = A(t) K^{\alpha} L^{\beta} u$ ，将经济、人口分别作为投入普惠金融的资本和劳动力，$A(t)$ 作为综合技术水平，用于表达其他技术环境因素对普惠金融的影响，

---

①　北京大学数字普惠金融指数 ［EB/OL］. （2017 - 03 - 26）［2020 - 10 - 28］. http://idf.pku.edu.cn/results/zsbg/2017/0326/28651.html.

普惠金融的发展与影响因素间的关系简化为投入—产出的关系；郭田勇和丁潇（2015）在研究普惠金融的影响因素时采用乘数模型进行研究。另一种是采用多元线性回归模型，杜兴洋（2018）等在研究 ICT 对普惠金融的影响时采用线性回归模型进行研究。

在普惠金融的实证分析的过程中，乘数模型和线性回归模型各有优势。在模型选择的实际过程中，其模型最终根据理论分析、数据特征、解释变量以及模型的相关检验等进行综合考虑。

2.6　普惠金融的发展路径

周孟亮和张国政（2009）研究认为，农村金融信贷补贴论没能达到预期目标去消除市场失灵的现象，而农村金融市场理论又因为农村经济的特点，成本太高使农村金融缺乏资金支持，因此，在兼顾农村金融的普惠性、福利性和可持续性发展的情况下，提出农村金融应重视金融改革和保障金融环境的稳定性，促进普惠金融的可持续发展。He et al.（2016）研究认为，普惠金融的发展应注重金融市场效率，通过建立公平有效的法律和信贷体系，实现市场分层和竞争。普惠金融的金融服务同其他商品一样，应进行市场定位，针对长期被金融排斥的用户，应有完善的普惠金融体系保障用户公平地获得基本的金融服务。例如，对融资能力强的用户，可以在担保、抵押等条件下提供大额的、周期长的信贷；对融资能力弱、缺乏抵押和担保的用户，通过相关政策、制度促使金融机构有条件地提供小额的、周期短的信贷服务。普惠金融不是财政救助或扶贫贷款，而是同其他金融服务一样具有金融市场效率的一种金融形式。

彭向升和祝健（2017）研究认为，普惠金融应坚持普惠性、市场效率、政府扶持和可持续性等原则，正规金融机构仍然是农村普惠金融的主体。为兼顾农村金融普惠与效率的问题，政府应加强基础设施建设，金融机构应提高金融资源的配置效率，通过市场激励金融普惠与金融市场效率的统一，实现可持续发展。马洪范和商瑾（2018）研究认为，普惠金融应加强财政补贴，引导和激励金融机构发展普惠金融。

在政府补贴和市场的共同作用下，普惠金融的发展路径有两种：一种是充分发挥农村金融机构的作用，提高营业网点覆盖率；另一种是充分挖掘信息技术的优势，运用金融科技的手段发展普惠金融。

2.6.1 提高农村金融网点的覆盖率

刘萍萍和钟秋波（2014）研究认为，农村普惠金融的重要问题是金融网点不足、覆盖率低，为提高农村金融网点覆盖率，充分挖掘农村金融机构的潜力，一是挖掘农业银行、邮政储蓄银行等具有全国性金融网络的商业金融机构的优势，充分利用它们的实力和经验，而且要充分挖掘农信社等地方性金融机构的低成本的信息优势，在政府加强公共设施建设和采用政府补贴的情形下，鼓励农村金融机构的营业网点下沉，消除"最后一公里"的金融服务障碍；二是挖掘政策性金融机构的政策优势，向农村提供基础性金融服务，研究农村普惠金融的瓶颈，引导农村资金的流动；三是发挥农村新型金融组织的创新优势，激励其为农户提供合适的金融产品。

游春和巴曙松（2014）研究认为，物理金融网点在农村发挥了重要的作用，通过全功能的金融网点消除金融服务空白乡镇和空白行政村较难，提出在农村发展社区小微型金融机构，并以宁夏掌政中心、杭州联合农村商业银行仪陇村镇银行为例，根据农村金融市场的特点，实现由小微金融机构面向"三农"的小微金融服务；并且，根据当地农村经济特点设置不同形式的物理网点、金融便利店和金融便利服务点，通过以驻点或定时的金融服务，减少金融服务成本；发展金融联络人员，提供上门金融服务，多渠道发展农村普惠金融。

上述金融便利店和金融便利服务点与我国普惠金融发展 EPOS 具有相似性。吴国华（2013）研究认为 EPOS 的使用，满足了农户小额取现和支付的需求，提高了农户获得金融服务的能力，农户通过电子支付的资金流信息，减少农户在更多的金融服务中"金额小、客户散、信息缺"所引发的金融服务可得性的问题。

2.6.2 充分运用信息科技的手段发展农村普惠金融

田杰等（2014）研究认为农村地区发展普惠金融，需要继续加强信息通信基础设施建设，提供可持续发展的电子化金融服务，并认为电子化金融服务是农村金融的最佳选择，以此发展农村普惠金融。

董晓林和朱敏杰（2016）研究农村金融供给侧改革时，认为应该以技术驱动，发展普惠金融，通过技术创新，提高农村金融的覆盖面，实现金融普惠；用"互联网+"解决农村普惠金融的成本与效率问题，用人工智能、云计算、大数据挖掘提高农村普惠金融的风险识别能力，提高农村普惠金融的效率；用技术的手段实现"互联网+农村普惠金融"，实现"互联网+农村电子商务+农村普惠金融"的金融生态环境的构建。潘晓健和杜莉（2017）研究农村农村金融供给侧改革时，认为普惠金融应加强技术创新，积极发展适合农户经济需求的金融工具和金融产品，并利用先进技术降低金融服务交易成本，发展网上银行、手机银行和电话银行等数字金融服务，发展数字普惠金融。

陈淑云和陶云清（2019）研究认为，农村普惠金融应坚持"互联网+"，持续进行金融创新，依托"互联网+"发展普惠金融，向数字普惠金融方向发展。

2.7 普惠金融的相关政策

我国非常重视普惠金融的发展，2012 年，胡锦涛同志在二十国集团峰会上全面阐述普惠金融的含义，随后，我国以一系列纲领性文件积极推动普惠金融的发展，指明我国的普惠金融重点在农村，数字普惠金融是渠道、方向。

2.7.1 历年中央一号文件和政府工作报告等对普惠金融的发展进行引导

首先，将普惠金融的发展写入历年中央一号文件。自 2004 年开始，我国中央一号文件聚焦"三农"的发展，强调农村金融的制度改革、金融创新和发展；2014 年中央一号文件提出发展农村普惠金融，促进农村金融支农支小；2018 年中央一号文件提出普惠金融的重点在农村。

其次，在国家重大会议中商讨普惠金融的发展。党的十七届三中全会形成的《中共中央关于推进农村改革若干重大问题的决定》提出，通过金融创新，丰富社会的金融层次和金融产品，满足各层次的农村金融服务需求。

再次，将普惠金融发展中的重要问题写入政府工作报告，2014 年政府工作报告中针对互联网金融这一新型的金融模式，强调建设有利于互联网金融的发展机制，遏制金融风险；2015 年政府工作报告中强调普惠金融应立足机会平等性和商业可持续性原则，通过多方面的措施，向"所有人"提供金融服务；2017 年政府工作报告提出鼓励大中型商业银行设立普惠金融事业部。

最后，国家各部门通过下发各种文件等，对普惠金融进行引导。2014 年《中国人民银行关于手机支付业务发展的指导意见》、2015 年《关于做好个人征信业务准备工作的通知》《"互联网+流通"行动计划》《"互联网+"行动指导意见》等分别从支付、信用、电子商务示范乡镇以及"互联网+农村金融"等多渠道发展农村普惠金融；2016 年国务院印发《推进普惠金融发展规划

（2016—2020 年）》，中国人民银行发布《G20 数字普惠金融高级原则》引导相关行业制定政策，促进农村普惠金融的发展（谭文培，2013）。

2.7.2 不断发展和完善农村普惠金融的财政政策

2008 年，财政部制定了《中央财政养殖业保险保费补贴管理办法》，2009年，财政部根据《国务院办公厅关于金融支持经济结构调整和转型升级的指导意见》（国办发〔2013〕67 号）制定了《农村金融机构定向费用补贴资金管理办法》，2016 年财政部根据普惠金融发展的 5 年规划，制定了《普惠金融发展专项资金管理办法》，涉及专项资金、专项补贴、专项奖励和贴息等方面的内容，实现专款专用。

2.7.3 完善并调整引导农村普惠金融发展的税收政策

2018 年，税务总局发布了《小微企业融资有关税收政策的通知》（财税〔2017〕77 号），扩大减税范围，对提供普惠金融的金融机构进行减税，普惠金融的范围参照《涉农贷款专项统计制度》。同年，税务总局发布《支持脱贫攻坚税收优惠政策指引》，涉及推动脱贫攻坚的 6 类 101 项税收优惠政策，其中有 4 类 15 项是普惠金融的税收优惠政策。

2.7.4 强化引导农村普惠金融的货币政策

2014 年以来，中国人民银行多次实行定向降准政策，2014 年下调农村金融机构的存款准备金 0.5~2 个百分点，鼓励农村金融机构积极创新，提高金融服务效率，向农村提供更多的金融服务；随后，不断扩大农村普惠金融的定向降准范围，将货币政策由农村金融机构扩大到农村金融服务。2017 年调整定向考核标准，突出对农村普惠金融绩效的考核，引导大中型的金融机构发展农村普惠金融。

2.7.5 加强金融科技人才的培养，为农村普惠金融发展储备人才

在人才政策方面，2017 年，金融科技专业作为教育部批准的新专业，在上海立信会计金融学院开始招收金融科技专业的学生，从 ABCDEF 方面培养金融人才，其中，A 是人工智能（AI），B 是区块链（block chain），C 是云计算（cloud computing），D 是大数据（big data），E 是用户体验（experience），F是金融（finance），从源头上培养具有普惠金融复合型知识的新兴人才。

2.8　文献综述

综上所述，现有文献已经关注到正规金融机构在发展农村普惠金融中的主体地位，而金融科技的快速发展也促进了金融机构对金融科技的应用。但是现有文献对金融机构应用金融科技发展农村普惠金融研究不足，表现在：

2.8.1　普惠金融是向"所有人"提供金融服务

因此，在金融科技的应用下，金融组织和金融服务应具有多样性，才能满足"所有人"不同层次的金融需求。现有文献中，在普惠金融中，"所有人"的金融服务主要关注金融弱势群体的金融服务；在金融服务供给方面，因为金融科技企业的金融创新能力强而集中关注金融科技企业。而金融机构是我国金融的主体，也是农村普惠金融的主要金融供给方，DCEP 在双层运营中，金融机构是主要的发行机构。但是，现有文献在金融机构应用金融科技发展普惠金融方面研究不足。

2.8.2　金融在经济中的支撑作用

现有文献关注到了经济增长和普惠金融发展的双向影响，也关注到了金融科技应用促进了农村普惠金融的发展，但是在系统研究金融科技作用农村普惠金融的机理、效应和路径等方面不足，其数字普惠金融的定量分析集中在支付宝的研究，对农村普惠金融的定量分析缺少网络用户数据；对金融科技作用农村普惠金融的内在机理研究不足，DCEP 应用下金融科技创新研究不足，而金融科技创新的风险制约了金融科技的进一步应用；对普惠金融路径的研究不深入，增加营业网点能发展普惠金融，但是以传统的方式发展银行网点成本高、难推广。

2.8.3　现有文献在普惠金融的路径研究和政策研究方面研究不足

尽管金融科技企业在市场的作用下对农村金融起到补充作用，但是，金融机构在农村普惠金融的主体地位同样要求金融机构加快金融科技的应用，而且，支付服务在提高资金流动效率、提高人们的金融素养等多方面具有重要的作用，因此，应重视支付服务在普惠金融中的价值和贡献，并立足于"金融+科技"的交叉点去探讨普惠金融的路径和政策。

为了进一步加快农村普惠金融的发展，后续研究需要系统研究金融科技作用农村普惠金融的机理、效应和路径，具体为：

（1）金融科技企业运用金融科技手段为市场提供低成本的金融服务，对金融科技和普惠金融内涵和外延产生影响，农村金融机构作为农村普惠金融的供给主体，如果也能应用金融科技发展普惠金融，其金融科技作用于农村普惠金融的机理是什么？

（2）金融科技应用对农村普惠金融发展的影响程度分析，包括金融科技总体发展水平对农村普惠金融的影响，金融科技对农村普惠金融结算水平的影响以及金融科技对农户信贷可得性的影响等问题；在农村普惠金融发展的过程中，经济和科技均会影响农村普惠金融的发展，需要进一步比较经济和科技对金融发展的贡献，以便在促进农村普惠金融发展的过程中，综合权衡农村金融发展中是金融优先还是技术优先，实现技术和经济的协调发展。

（3）综合研究金融科技发展农村普惠金融的路径。在 DCEP 应用下，金融和科技相互融合，使农村普惠金融的发展可以充分利用技术的优势降低金融服务的成本，防范金融风险；随着技术向金融更广泛的渗透，农村的金融服务可以进一步得到优化。在国家的一系列促进农村经济发展的各项政策下，可选择更优化的路径快速发展农村普惠金融。

2.9　小结

本章首先对研究的对象进行了概念界定，进一步明确了对农村普惠金融和金融科技研究的边界问题，将研究问题限定在金融机构的农村普惠金融，将金融科技限定在金融机构的科技应用。在面向"所有人"的金融服务中，综合研究金融机构运用金融科技手段实施的多层次的金融服务。

其次，本章对普惠金融的影响因素进行了文献研究，结合 DCEP 的使用，研究认为经济和技术的发展能有效地推动农村普惠金融的发展。而且，在农村普惠金融发展的过程中，技术对农村普惠金融的发展又直接影响了电子支付的发展，也直接或间接通过电子支付对农村信贷市场和农村普惠金融整体发展水平产生了影响。

最后，农村普惠金融的发展是一项系统工程，本章对普惠金融的研究方法、路径和政策等进行了文献研究，以便在此基础上进一步研究金融科技应用下农村普惠金融的研究方法、路径和政策。

3 金融科技应用的理论基础、经济学分析与作用机理

根据前一章的文献研究，本章在此基础上，结合金融科技发展普惠金融的相关理论，构建金融科技对普惠金融的作用机理模型，对金融科技发展普惠金融的相关关系进行了分析，从理论上论证金融科技推动普惠金融的发展。

3.1 理论基础

金融科技的应用对普惠金融影响最重要的理论基础有市场供求理论、网络经济理论和农村金融理论。市场供求理论解释了农村金融市场是金融供给和需求共同作用的结果；网络经济理论解释了金融科技创新和应用适应了普惠金融对效率和成本的追求；农村金融理论则解释了我国普惠金融对金融科技的选择的必然性。

3.1.1 市场供求理论

普惠金融的金融资源或服务，其市场的发展由金融供给和需求共同决定，粟芳和方蕾（2016）在研究农村金融时，认为农村银行的市场可以用传统的市场理论进行解释。

（1）需求是在一定时期内，消费者愿意支付且能支付商品的数量，描述商品需求价格和数量关系的定理称为需求定理（靳淑平，2015）。在需求理论下，市场中的商品价格受用户需求影响，一般商品（正常商品）在其他条件不变时，商品的需求数量随价格降低而增加，当商品价格降低时，需求曲线下移；如果供不应求时，商品的价格会上涨；如果商品存在替代品，则替代品的

价格下降会减少商品的需求，如果商品存在互补品，则商品和互补品的价格下降，都会引起需求量增加；如果有政府相关政策的影响，会影响商品的需求量。

（2）供给是在一定时期内，商品生产者愿意且能够提供的商品数量，描述商品供给价格和数量关系的定理称为供给定理（靳淑平，2015）。在供给理论下，商品在市场中的价格受生产者供给的影响，一般商品（正常商品）在其他条件不变时，商品供给的数量随价格增加而增加，当商品价格上涨时，供给曲线上移，如果市场供过于求时，商品价格下降；如果存在替代品或互补品，商品的供给数量会随着替代品或互补品的价格发生变化；如果有政府相关政策影响，会影响商品的供给数量。

在市场中，商品在需求和供给之间，消费者剩余或生产者剩余在达到最大值之前，都会推动整个市场总需求和总供给的变化，最终使供给和需求达到一般均衡。

普惠金融中被金融排斥的弱势群体，在传统的金融服务供给和需求中，需求方愿意支付的价格低于供给方愿意提供产品的价格，因此，金融供给方不愿意提供金融服务。金融科技应用后，金融服务在电子支付方面的金融资源供给缺乏弹性，且金融产品一旦创新后在供给的过程中，其边际成本接近零，因此在金融供给中能提供零成本的金融服务；但是农户获得金融服务有潜在的成本，包括新兴金融产品的学习和使用，而且，此成本因为用户个体的不同存在差异，被金融排斥的用户要求金融创新替代品，以减少用户获得金融服务的潜在的成本。而金融供给市场上，金融产品的创新具有成本，此成本影响金融供给的产品类型的数量；此外，金融科技的应用虽然提高了资金流动的效率，会使局部区域的信贷资源增加，但是它不能改变金融信贷资源的有限性。因此，普惠金融的信贷供给不同于电子支付的供给，信贷资源的总供给是有限的。在农村金融市场中，供给抑制和需求抑制并存，但是从普惠金融发展的角度来看，农村金融供给在发展普惠金融中仍然占主导地位，农村金融市场的商品价格由农村金融的需求方决定，假设农村金融供给的价格高于农村金融需求的价格，农村金融市场则很快会出现市场失灵，农村金融市场继续表现为金融供给抑制和金融需求抑制。

3.1.2 网络经济理论

3.1.2.1 长尾理论从市场的角度揭示了发展普惠金融的价值

"长尾理论"最先由克里斯·安德森于2004年在《长尾》（The Long Tail）

一文中提出，随着技术进步以及消费者个性化需求上升，当服务足够便捷，成本极低时，需求很少的产品形成的众多小市场汇聚在一起可以产生与主流产品（需求量很大的产品）相当的市场（Anderson，2006）。普惠金融中的长尾理论模型如图3.1所示。

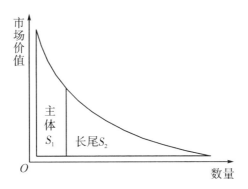

图 3.1 Anderson 的普惠金融长尾理论模型

在图 3.1 中，长尾理论认为，假设 20% 的主体市场的高价值服务企业获得的总体收益为 S_1，80% 的尾部市场的低价值服务企业获得尾部总体收益为 S_2，则存在 $S_2>S_1$。尾部收益虽然分散但是总量大，在信息技术的作用下，尾部市场的经济收益同样值得关注。

普惠金融包含小微企业、"三农"及个人小额信贷等，而这部分群体在我国占有较大的比例①，构成了金融市场的潜在"长尾"。由于金融的核心功能是资金的跨时空配置，在金融科技应用过程中，金融交易成本较低，金融供给则不受限制，从而使整个社会的金融需求密度曲线变得扁平，呈现出"长尾效应"。金融科技的应用使传统金融市场和无暇顾及的"尾部"市场碎片化，以较低的门槛使广大用户可获得普惠金融服务。

金融科技应用下，长尾市场中的金融交易及金融资源配置，依靠技术手段拓展了地域上的金融服务范围，降低了金融服务的门槛，降低了金融交易的成本，扩大了农村金融市场的金融需求。在农村普惠金融市场中，金融需求量的增加来源于被传统金融排斥的用户，因此，普惠金融的实施不会减少传统金融市场下用户的金融需求；反之，由于金融科技在成本、效率和金融风险等方面的优势，金融科技在普惠金融中的成果会促进金融产业升级，提升传统金融的

---

① 全国工商联. 2011 年中国中小企业调研报告 [M]. 北京：中华工商联合出版社，2012：9.

服务水平，增加传统金融的用户需求。因此，金融科技应用于普惠金融的过程，是对农村金融市场进行帕累托改进的过程。

3.1.2.2 信息与复制经济揭示了金融科技发展普惠金融的可持续性

信息技术的发展，使人们意识到了信息资源的重要性，并进一步研究信息经济学的有关问题。乌家培（1996，2000，2002）从经济、社会和管理等交叉学科的视角比较了经济信息和信息经济，对"信息"进行了全面的分析，研究了信息与经济的关系，并从信息经济学的角度构建了对信息研究的基本框架，认为网络经济下，信息对生产要素的作用将引起生产的边际收益递增。纪玉山（1998）研究认为，网络经济的存在是因为费用较低的网络交易替换了费用较高的市场交易，由此，网络经济在发展的过程使传统经济学中的结论发生了偏移。张永林（2014）将时间、空间和信息元素纳入复制经济模型，认为信息不再是虚拟存在，而是代表产品、服务或资产，因此，在信息和时间复制的过程中，创造了社会财富，实现了社会福利增加。张永林（2016）在研究中进一步提出复制经济，研究网络信息聚合—协同效应，用于解释网络经济的市场特性和经济行为特征，揭示网络复制经济、内生规模效应与摩尔定律之间的内在关系。即：网络经济中通过信息复制、共享和合作，将信息的网络外部性内部化，获得规模经济；信息通过无限复制，使信息之间关联和互补，使经济活动不再具有一般的均衡规律，从而使信息不再具有边际效用递减的特征。

信息复制和网络外部性，使网络价值迅速增加，因此，网络经济遵循梅特卡夫法则[①]。在该规则下，网络价值按接入用户数量的平方数增长，此处网络泛指一切网络，包括社交关系网络、普惠金融网络等。如果一个商业银行只有两个用户，则金融网络的价值是两个用户之间交易产生的价值，其金融网络价值为 V，$V = 2 \times (2-1) = 2$；如果一个商业银行有 100 个用户，其金融网络价值为 V'，$V' = 100 \times 99 = 9\,900$，即金融网络中，用户增加 50 倍，金融网络价值增加近 5\,000 倍。尽管梅特卡夫法则因为忽略了网络扩大的成本，在理论上有一些缺陷，但实践中梅特卡夫法则的网络效应得到了证实。金融网络价值的增加使金融服务的规模收益成倍增加，激励金融机构创新金融服务，发展普惠金融，促使更多的用户加入金融体系。

金融服务的规模收益使金融科技应用迅速降低了普惠金融的交易成本，促

---

① METCALFE B. Metcalfe's law：A network becomes more valuable as it reaches more users ［J］. Infoworld, 1995, 17 （40）：53-53.

使普惠金融供需双方达成金融交易。在电子支付方面，信息的无限复制使金融服务一旦创新以后，为农户提供支付服务的成本接近零；支付信息作为农村金融的最原始的信息，当支付信息的外部性内部化以后，信息复制甚至使农户的支付具有正向的经济收益；在涉农信贷方面，因为信息的无限复制，促成了金融信息的关联，减少了普惠金融的信息不对称问题，资金流信息的聚集以及基于信息的决策，大大降低了信贷的成本，使普惠金融中循环、无息或低息小额信贷成为可能，从而发展了普惠金融，促进了普惠金融的可持续发展。

3.1.3 农村金融理论

受我国"二元经济"的影响，农村成为金融的薄弱地区，农村用户成为金融服务的弱势群体，而普惠金融是为社会各阶层提供金融服务，特别是为弱势群体提供金融服务，从而推动社会的和谐发展，因此，本研究将农村金融理论作为研究金融科技应用影响普惠金融发展的理论基础之一。由于农业经济本身的弱质性和农业收入的不确定性，农村金融在不同的时期形成了不同的农村金融理论学派，典型的有农业信贷补贴理论、农村金融市场理论和不完全竞争市场理论，这些理论从不同的视角为农村金融的发展进行了有益的探索，对农村金融的发展起到一定的推动作用，但它们也具有一定的局限性。

3.1.3.1 农业信贷补贴理论

农业信贷补贴理论又称为农业融资理论。在凯恩斯主流经济学的国家干预的影响下，该理论认为农业自身特点融资能力不强，农业生产融资需要通过一定的财政补贴缩小农业与其他产业之间的结构性收入差距。信贷补贴的渠道有：对涉农金融机构进行财政补贴，激励其提供农业信贷；对农业信贷进行利率补贴，降低农户获得信贷的成本；提供政策性的金融，促使高利贷民间金融退出农村金融市场，降低农村金融的风险。

农业信贷补贴因为扩大了对农业生产的资金投入，在一定程度上促进了农村经济的发展；但是农业信贷补贴理论的应用缺乏市场引导和相应的制度保障，使农村金融发展过分依赖财政补贴，资金不足以及"寻租"导致的资金外流等又加重了农村金融的负担，使该理论的应用具有较大的局限性，未能达到预期目标。

因此，农业信贷补贴理论适用于作为短期内发展农村金融、对农村金融进行政策引导的信贷激励策略，但是，它不应作为解决农村信贷问题的长期决策理论依据。

3.1.3.2 农村金融市场理论

该理论产生于 20 世纪 80 年代后期，认为信贷补贴使农村金融资源配置低下，形成麦金农和肖的"金融需求抑制"①，应该利用市场进行发展。该理论认为农户具有存款能力，通过市场的作用激励农户存款，为农村金融提供资金支持，促进农村金融的资源配置；在农村金融中推行利率市场化，促进农村金融依赖市场的手段实现可持续的发展；鼓励开放农村金融市场，允许非正规金融参与农村金融服务，促进农村金融服务组织的竞争，降低农村金融的服务价格。

该理论具有一定的科学性，认为市场是最有效的资源配置方式，但是，该理论忽略了农村金融市场的特点，由于农业生产在社会中的基础性地位，农业生产的融资能力差，而金融市场逐利的特点总是促进金融资源向高盈利能力的产业流动，最终导致农村资金进一步外流，使被金融排斥的中小农户更难获得信贷服务。

3.1.3.3 不完全竞争市场理论

20世纪90年代，默多克和斯蒂格利茨重新审视了农村金融市场的问题，形成了不完全竞争市场理论。由于信息不对称的问题，农村金融市场是不完全竞争的市场，为解决信息不对称问题引发的市场失灵，农村金融市场需要政府、社会及其他非市场要素的支持并共同培育，如政府对农村金融机构给予一定的优惠政策，引导非正规金融机构参与农村金融，可提高农村金融的市场覆盖率，从而提高农村金融的资源配置效率。

该理论既强化了政府的作用，也强调了市场的作用，政府不直接干预农村金融市场。但是，制约农村金融市场发展的因素不仅仅是信息不对称的问题，"三农"本身的特点决定了农村金融的投资周期长、收益低、风险高，在保险等农村金融市场不健全的情形下，即使消除了信息不对称的问题，也难以发展农村普惠金融。

综上所述，从农村金融的理论学派的发展可以发现农村金融的特点有三个方面。一是政府在农村金融发展中具有重要的作用，财政补贴是促进农村金融短期内得到快速发展的有效手段之一，其重要的目的是降低金融交易的成本，激励农村金融机构以较低的价格提供信贷服务，使农户以较低的成本获得信贷；二是信息不对称问题是农村金融的重要问题，它增加了金融交易的成本，

---

① 麦金农. 经济发展中的货币与资本 [M]. 卢骢, 译. 上海：上海三联书店，1988：78；肖. 经济发展中的金融深化 [M]. 邵伏军, 译. 上海：上海三联书店，1988：50.

使农村金融单纯依赖财政补贴或市场都不能得到可持续的发展；三是农村金融缺乏多元化的金融服务，农村金融机构在市场中的垄断地位，使农村金融"政府失灵"和"市场失灵"同时存在。

金融科技的应用，将通过信息技术减少农村金融中的信息不对称问题，降低农村金融的交易成本，帮助农村金融摆脱对财政补贴的依赖，在政府的引导下，促进农村金融在市场机制的作用下实现可持续的发展。同时金融科技的应用，通过信息技术的手段强化了农村金融机构的主体地位，使农村金融机构在金融服务收益的规模效应的激励下，提供多元化的金融服务，满足农户不同层次的金融需求；除此之外，其他金融机构或金融组织，在信息技术的支持下，自动扩大金融服务的覆盖范围，将金融服务渗透到农村，促进农村金融的多元化发展。

3.2　金融科技应用促进农村普惠金融发展的经济学分析

从普惠金融的发展过程可以发现，在金融科技出现之前，普惠金融强调弱势群体获得信贷资源；金融科技应用后，电子支付严格按照金融的流程将货币信息化或通过 ATM/POS 实现资金流动，支付信息的聚集并没引起人们重视对数据价值的挖掘。进入金融科技 3.0 时代后，金融科技的应用改变了传统的"金融+科技"的简单模式，通过互联网特别是移动网络将金融网络延伸到用户，通过信息技术优化金融服务的流程。从电子支付方面将每一个用户纳入金融体系，重视数据价值的挖掘和信息使用，从用户的金融行为方面，将用户的资金流和信贷结合起来，创新性地发展了互联网金融。进入金融科技 4.0 时代，信息技术在人工智能领域中各种前沿成果的应用，促进了金融科技生态圈的形成，形成金融资源在更大范围内的合作与共享，由此，金融科技被广泛地用于金融机构提升金融服务效率、实施金融风险监管和降低金融风险。

金融科技的应用，通过技术的手段扩大了农村金融的外部效应，降低了农村普惠金融的交易成本，减少了信息不对称问题，促进农村普惠金融通过市场来提高农村金融的资源配置效率，减少农村金融组织的垄断和政府对金融市场的干预等。

3.2.1　扩大农村金融的外部效应

金融科技的应用，使农村金融受网络经济正向外部性的影响，降低农村金融的交易成本，增加农村金融收益。

金融外部性是金融行为中私人成本或私人收益向第三方溢出的外部经济效应（吴竞择，2001）。其中，私人成本是单个使用者为了能够使用某一资源而带来的费用，在农村金融中表现为获得金融服务的企业或个人支付的成本；私人收益是单个经济活动主体从经济活动中获得的直接收益，在农村金融中表现为获得金融服务的企业或个人得到直接收益；社会成本和社会收益是分别与私人成本和私人收益相对应的概念。

金融科技应用渗透到农村金融中，在信息网络和信息管理系统的支持下，创新金融产品，为用户提供金融服务；普惠金融的用户作为理性的经济人，面对高效、快捷的支付服务和信贷服务，由于用户信息素养、金融素养等禀赋不同，用户选择金融科技的成本或收益也不同。

当用户选择金融科技，表示用户在金融交易中，私人成本减少、收益增加；用户将其金融行为通过网络或现实世界向外扩散，使更多的被金融排斥的用户接受金融科技，则形成农村金融的正向外部性，减少其他用户的私人成本，增加私人收益；用户的金融行为被金融信息管理系统采集，其金融行为数据作为构建用户信用模型的基础数据。因此，用户的每一次网上金融交易信息，被用作其后期的金融交易进行系统决策的依据，使金融服务具有正向外部性，其收益转化为金融供需双方的私人收益。

随着金融科技更广泛的应用，资金流动信息的聚集，形成用户在金融活动中的信用模型，该模型的建立减少了经济活动主体的信息不对称问题，由此减少因为信息不对称引发的逆向选择问题，降低农村金融的风险，增加农村金融的社会收益；社会收益的增加减少了农村金融的社会成本，增强了农村金融的正向外部性①；在信息管理系统的支持下，沿着农村产品供应链管理，创新更多适合农村金融的金融服务，突破地域环境的限制，实现农村金融的内部性外部化和农村金融的外部性内部化，增加金融交易的私人收益或社会收益。

金融科技在农村金融的正向外部性作用下，推动了普惠金融的发展，其金融服务的供求曲线如图 3.2 所示。

---

① 因为农业生产的正外部性，农村金融服务也具有正外部性。参见：彭向升. 中国农村普惠金融发展研究［D］. 福州：福建师范大学，2016：88.

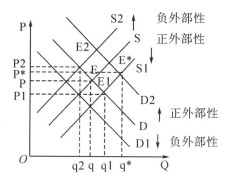

图3.2 金融科技外部性作用下的金融服务供求曲线

在金融服务需求不变的情形下，金融科技应用正向外部性降低金融的服务成本，使金融服务供给曲线 S 下移到 S1；对于需求曲线，金融科技应用正外部性增加私人收益，使金融服务需求增加，金融需求曲线由 D 上升到 D2。因此，在金融科技应用正外部性的作用下，原有的均衡点 E（p，q）移动到最优点 E*（p*，q*），此时的金融服务在供求上达到最优，社会的总经济福利最大。

农村金融外部性在市场的作用下，通过金融的外部性内部化，促进社会收益向私人收益的转化，最终使市场达到由原有的均衡点 E（p，q）变为新的均衡点 E*（p*，q*），该均衡点也是金融市场存在外部性的最优点。

农村金融外部性内部化以后，农村金融的交易成本降低，促进农村金融供给获得更多的收益；在此过程中，农户金融交易的成本减少，方便更多的农户获得金融服务，促进农村普惠金融的发展。

3.2.2 减少农村金融信息不对称问题

在完全竞争的市场中，假设市场交易双方都具有完全的信息。但是，在现实的交易市场中，却常常出现信息不对称。在信息不对称的情形下，参与市场信息较多的一方，会进行逆向选择，其逆向选择的结果是产生低质量的产品对高质量产品的挤出效应，形成"柠檬市场"（George，1970）。

农村金融市场中普遍存在信息不对称问题，这种信息不对称问题不仅使借贷市场中拥有私人信息较多的借款人存在逆向选择，在借贷经济行为发生后还存在道德风险。在信息不对称情况下，贷款人通过借款人提交的信息，难以判断贷款的风险程度，比如，假设借款人履约概率为 p，贷款合同利率为 r，贷款金额为 L，放贷资金的机会成本 i，贷款人的预期利润为：

$$E(r) = p(1 + r) * L - (1 + i) * L, \quad (p > 0, \ r > 0, \ i > 0) \tag{3.1}$$

贷款的基本条件为：

$$p(1 + r) * L \geqslant (1 + i) * L \qquad (3.2)$$

得到：$r \geqslant \dfrac{1 + i}{p} - 1$，而且，$\dfrac{\partial r}{\partial p} < 0$，$\dfrac{\partial^2 r}{\partial p^2} > 0$。

当 p 值较小时，r 较大且对 p 的反应很敏感。假定 $p = 0.5$，$i = 0.1$ 时，则 $r = 1.2$。即，贷款人在利率高于 120% 时，才愿意放贷。p 值越小，r 值越大，借款人出现逆向选择和道德风险的可能性越高。此时，贷款人为避免借贷风险，常常要借款人提供抵押品等，对农户和涉农的中小企业，由于缺乏抵押，也没有足够的资金流动信息或借贷信息，他们需要获得信贷时无法获得贷款人的金融支持。如果借款人的履约概率较高，贷款人愿意降低利率，向借款人提供金融支持，在式（3.1）中，p 值较大时，r 值越小，$\lim\limits_{p \to 1} \dfrac{\partial r}{\partial p} \approx 0$，且 $\lim\limits_{p \to 1} r \approx i$。

信息不对称时，借款人为追求高风险投资下的高额利润，愿意支付贷款人高利率获得信贷，此时，高风险借款人将隐藏自身的高风险信息。而贷款人由于无法识别用户的风险，采用提高利率的方式进行借贷，对于低风险投资者却因为无法获得高额利润，愿意支付贷款人的利率比较低。因此，在高利率借贷市场中，低风险的投资者因不愿意支付高利率而被金融排斥，借贷市场中只留下高风险的借款者，形成农村金融市场的逆向选择，并进一步加大农村金融市场的风险。在高利率的支持下，部分借款人为获取高额利润，隐藏私人信息，改变借贷用途，将借贷资金转向高风险的投资市场，形成农村金融市场的道德风险。此外，在农村金融中存在另一种用户，由于借贷困难，在借贷后选择延期还款或拒绝还款，形成农村金融市场的另一种道德风险。而借款人的这种金融行为使贷款人谨慎贷款，导致农村金融市场金融供给不足，最终使农村金融市场失灵。信息不对称时，农村金融的市场变化过程如图 3.3 所示。

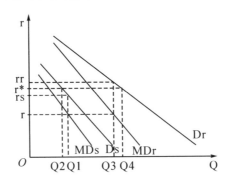

图 3.3　信息不对称时的农村金融市场变化过程

在图 3.3 中，根据金融风险的大小，将农村金融市场的用户分为两类风险用户，利率表示用户获得金融服务的成本，高风险用户的信贷需求为 Dr，低风险的用户的借贷需求为 Ds，低风险的用户的需求随利率变化快。农村金融机构不会因为低风险用户而以特别低的利率供给信贷，因此，在不首先识别用户风险时，给定相同利率，高风险的用户的金融需求比低风险用户需求量大。农村金融机构在边际成本定价为 r，且完全信息时，金融机构为追求最大化利润时不同用户的边际收益相等，且等于信贷的边际成本，即 MD＝MDr＝MC，两类用户获得的信贷分别为 Q1 和 Q3，两类用户愿意支付的利率分别为 rr 和 rs。信息不对称时，金融机构难以识别用户的风险类型，以 r^*（0<rs<r^*<rr）的利率提供信贷，两类用户获得的信贷分别为 Q2 和 Q4，此时，Q2<Q1，Q4>Q3，低风险的用户逐渐被挤出市场，此时，金融机构会因为市场上的高风险用户，为减少金融风险，减少信贷，导致金融供给不足。

为应对信息不对称的问题，遏制农村金融市场的逆向选择和道德风险，防止农村金融市场陷入"柠檬市场"，则低风险的用户向农村金融市场发送信号，帮助金融机构识别用户的风险，正如传统金融市场的抵押或担保。金融科技是用户向金融机构传递风险信号的一种渠道，金融机构通过长期的资金流动信息和用户的金融行为数据，应对信息不对称的问题。

在农村金融市场中，金融科技的应用使信息无限复制，用户接近零成本且无限次使用电子支付，信息的外部性使金融机构在用户信贷决策的过程中，依赖支付信息的价值挖掘，以接近零成本建立用户的信用模型。长期的用户金融行为数据、海量的支付信息以及在此数据基础上的大数据挖掘，使用户无法隐藏高风险的私人信息。如果用户逆向选择伪造金融交易数据，其伪造海量的金融交易数据需要用户付出较高的成本，获得较低的收益，而伪造部分金融交易数据，难以在海量数据中改变用户金融交易的特征。因此，金融科技通过风险信号的传递，较大程度地消除了金融市场中的信息不对称问题，有效防止了用户的逆向选择。当用户获得信贷后，金融科技继续通过用户的金融行为数据和资金流数据，分析用户的信贷资金使用情况、资产变动情况等，使用户无法隐藏高风险的私人信息，减少用户的道德风险问题。

金融科技的应用减少了农村金融信息不对称问题，从而减少了农村金融的风险，在市场的作用下，降低金融交易成本，增加了金融交易的收益。一方面，金融收益转化为金融机构的利润，激励金融机构创新更多的金融工具和金融产品；另一方面，金融交易成本的减少也降低了农户获得金融交易的成本，促进更多原来被金融排斥的弱势群体获得金融服务，促进普惠金融的发展。

3.2.3 促进农村金融市场由垄断转向竞争

根据经济学的定义，垄断市场是指整个行业中仅有少数供给组织控制行业生产的市场，垄断市场的企业有垄断行为，而且垄断的市场效率低（Dixit&Stiglitz，1977）。我国农村金融市场是垄断的市场（陈剑波，2004；任兆璋和郁方，2008；张燕和邹维，2009），1998年，随着四大国有银行退出农村市场，农信社成为农村金融机构的主体，在农村金融市场中具有垄断地位；2004年开始，国家允许农信社执行最高信贷利率为基准利率的2.3倍（陈鹏和刘锡良，2009），以弥补农村金融成本过高的问题，进一步促进农信社成为行政性垄断的金融组织。农村金融的垄断使农村金融市场效率分析如图3.4所示。

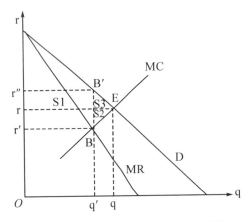

图3.4　垄断的农村金融市场效率分析

在图3.4中，如果农村金融市场是完全竞争的金融市场，则市场的均衡点在E（r，q），农村金融机构以利率r提供数量q的信贷，此时r=MC（边际成本），但是，由于农村金融机构的垄断地位，农村金融机构愿意提供信贷的均衡点在B（r'，q'），此时MC=MR（边际收益）。作为理性经济人，农村金融机构为使利润最大化，以r"的利率提供信贷，此时金融机构提供信贷的最优点在B'（r"，q'），其中S1由消费者剩余转为生产者剩余，S2、S3则是社会福利损失，此时B'不是帕累托最优点，如果沿着需求曲线，农村金融机构愿意提供信贷，则B'→E的变化存在帕累托改进。

因此，在垄断市场下，农信社获得政策性保护，以2.3倍的基准利率进行信贷，农信社提供的金融服务变为q'，使更多的用户被排斥在金融服务之外，这些被金融排斥的用户成为普惠金融的重点对象。

随着农业银行返乡以及邮政储蓄银行等金融机构在农村的运行，打破了农信社在农村金融的垄断地位（王劲屹和张全红，2012）。为进一步加快农村经济的发展，满足农村金融的多元化需求，农村中成立了一批新兴的农村金融组织（姚凤阁、董晓红，2013），尽管新兴的农村金融组织在品牌和规模上都难以与农信社等主要的金融机构进行竞争，但是，它将农村金融市场由完全垄断转向了垄断竞争的市场。

在金融科技应用下，城市中的优质资源通过网络延伸到农村，让许多金融组织参与农村金融市场的竞争，而新兴金融组织通过网络共享、技术共享和信息共享等手段（共享央行的现代支付系统、共享 ATM 和 POS 等移动终端），也降低了新兴金融组织开展农村金融服务的门槛，这些金融机构参与农村金融"尾部"市场，提供各层次的金融服务。新兴金融组织和其他金融机构参与农村金融市场，不仅是因为农村普惠金融所涉及的尾部市场的金融需要，而且，金融领域头部市场的激烈竞争也使它们主动投入农村普惠金融。金融科技的应用促成了农村金融组织的多元化，促成了农村金融市场由垄断转向竞争的市场。

金融科技的应用由于技术的发展和信息的外部性，降低了金融服务创新的成本，许多金融组织根据市场的不同层次的金融需求，有条件地开展金融服务创新，全面覆盖了农村金融需求。金融服务一旦创新后，通过信息复制，则以较低的成本无限次提供支付服务。如果金融服务是信贷等有限的金融资源，则通过信息挖掘，开发相应的金融工具，发展供应链金融，将资源快速有效地进行配置，提高信贷的效率，以提高金融组织的单位收益。由于农村普惠金融市场涉及的金融尾部市场规模大，根据长尾理论，农村金融组织将在市场的作用下获得规模收益，由此促进农村金融的可持续发展。

金融科技的应用，使更多的金融组织获得农村金融服务，通过金融工具或金融产品创新，满足各层次的农村金融需求，以此形成更加健全的农村普惠金融体系。如果不考虑农村金融固有特征的影响，如信贷周期长、收益低，则金融科技的应用促使农村金融由垄断市场转向竞争的市场，在竞争的市场环境下，将"所有人"纳入金融体系。如果将"所有人"分为 A 和 B，A 为传统金融服务的群体，B 为被传统金融排斥的弱势群体，在信息技术的支持下，信息复制使电子支付服务无限次供给，A 获得的支付服务优化的同时，B 获得支付服务；在信贷服务中，依靠信息技术的金融决策、风险管理和金融网络的价值增值，金融资源特别是农村金融资源配置得到优化（降低利率），A 获得信贷服务的效率得到改善的同时，B 获得信贷服务。因此，金融科技的应用使"所有人"的效用增加，社会福利增加。而且，金融科技使金融在产业升级的过程中，依赖信息技术进行金融决策和风险管理，降低用户金融交易成本的同时，提高了金融机构的规模化收益，使社会总福利增加，促成农村金融市场向帕累托最优方向发展，从而提高农村普惠金融市场的资源配置效率，发展普惠金融。

3.2.4 增强市场供需双方的协调发展

尽管普惠金融强调"所有人"的基本金融服务，但从普惠金融的研究发现，由于金融资源的稀缺性，普惠金融更关注信贷问题，直到金融科技的广泛应用，金融机构参与资金转账，电子支付才作为普惠金融的内容之一。

金融科技对普惠金融的影响在支付和信贷方面存在不同。在支付中，金融科技以电子支付、移动支付等金融服务的方式突破传统支付在空间上的限制，缩短传统支付的资金流动时间，提高了资金流动效率。而且，电子支付作为最基本的金融服务，信息复制使电子支付的供给不受资源约束，资金的流动安全、可靠。信贷与支付不同，虽然金融科技的使用提高了信贷的效率，促进了更多的借款人以较低的成本获得信贷服务，但是，信贷资源总量是有限的。因此，金融科技应用对支付服务和信贷服务的贡献不同。

3.2.4.1 金融科技使电子支付交易成本更低，促进金融创新

受网络经济的信息复制、内生规模效应和梅特卡夫法则的影响，金融服务供给对电子支付交易费用的影响小，电子支付完成第一笔交易后，边际成本迅速接近0；需求对电子支付总收益起着决定性影响，支付需求越大，电子支付的边际效用越大，用户得到电子支付服务的价格也会越低。金融服务在电子支付方面的供需曲线如图3.5所示。

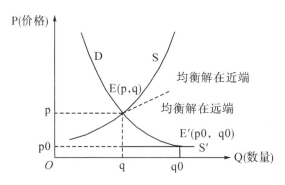

图3.5 金融服务在电子支付方面的供需曲线

在图 3.5 中，电子支付服务作为信息类产品，在信息技术外部性的影响下，当电子支付服务的价格高于市场价格 p0，金融服务可以无限次进行供给；当其低于市场价格 p0，金融服务的供给次数为 0。作为信息产品，电子支付对信息无限复制，使电子支付供给曲线缺乏弹性，由 S 变为 S′，均衡解由 E 变为 E′。而且，电子支付在金融中的基础性地位，以及电子支付信息的外部性对金融的影响，使电子支付的社会成本接近于 0，使私人收益和社会收益大于 0，信息的外部性内部化以后，私人收益和社会收益都将转为电子支付的收益，赋予电子支付交易正向收益。农村金融机构和用户作为理性经济人，积极创新电子支付服务、增加电子支付服务供给和参与电子支付的使用，农村金融供给和金融需求相互作用，最终推动电子支付市场的发展，并进一步发展普惠金融。

电子支付的广泛应用还表现在电子支付的创新中，金融服务的价格越高或用户市场规模越大，金融交易总体收益越大，该收益将激励金融机构进行金融服务创新，开发更多种类的金融服务产品；反之，金融交易价格越低或市场规模越小，金融机构总体收益越低，提供的金融服务产品越少。但在农村金融市场的作用下，金融服务价格越高，市场需求量越少。因此，作为缺乏供给弹性的电子支付服务，金融供给的总收益主要由市场交易量决定。当一种新兴的金融服务替代原有的金融服务时，要求金融服务更便捷、更安全，以进一步降低金融交易的成本。金融服务创新的替代效应和替代过程如图 3.6、图 3.7 所示。

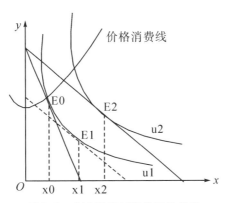

图 3.6　金融服务创新的替代效应

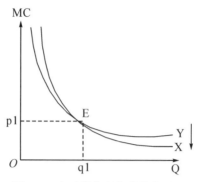

图 3.7　金融服务创新的替代过程

图 3.6 中，x 和 y 是金融机构提供的两类金融服务，x 为创新的金融服务，u1 和 u2 是用户对电子支付服务的无差异曲线，支付服务的创新在于为用户提供更便捷、安全的支付服务，减少用户使用支付服务成本，帮助用户获得更多的收益，促进 x 的服务价格降低，在无差异曲线上，用户在 E0 和 E1 效用相同，E1 到 E2 是效用增加的过程。因此，从 E0 到 E2，用户更多的选择金融服务 x，实现金融服务由 y 向 x 的替代。从边际成本 MC 方面，一开始信息技术下新的金融服务 X 的边际成本或高于传统的金融服务 Y，但随着用户增加到一定的规模后，金融服务 X 的边际成本迅速下降，将加速金融服务 Y 向金融服务 X 的替代（见图 3.7）。

3.2.4.2　金融科技使农户信贷成本更低、效率更高

在前面研究金融科技通过信息传递和信用激励机制减少农村金融信息不对称问题的基础上，金融科技应用下的信贷服务市场分为两部分：一部分是信贷资源充足时，信贷市场是信贷需求主导的市场，在信息科技的作用下，信息技术复制使信贷的收益由信贷需求决定；另一部分则是信贷资源有限时，信贷供给决定信贷市场的价格，从而决定信贷市场的收益。金融科技应用下的信贷供需曲线如图 3.8 所示。

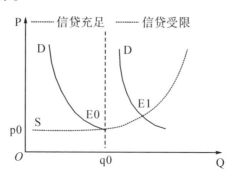

图 3.8　金融科技应用下的信贷需求曲线

图 3.8 中，E0 是信贷供给在信贷资源充足时的均衡点，市场以 p0 的价格供给，其供给的信贷资源为 q0，如果信贷价的需求决定了市场信贷市场的收益，当用户的需求超过 q0 时，则市场转为信贷供给决定；当信贷价格高，即利率较高时，信贷供给方愿意提供更多的信贷，对于信贷需求方，当信贷价格高时减少需求，在市场的作用下，在 E1 处达到均衡。实践中，信用卡短期小额消费信贷为信贷资源充足时的基本信贷，其利率为 0，而对于大额的信贷服务，则通过市场的作用进行利率定价。

金融科技的应用在农村信贷中的作用还体现在农村金融供应链中，信贷信号的及时传递和金融信息向信用资产的转变，增加农村信贷的社会收益，减少农户获取信贷的信息搜寻成本，促使信贷服务降低价格，提高农户的私人收益。

综上所述，金融科技的使用，使农村金融的供给和金融需求的联系更加紧密，金融供给和金融需求相互影响，协同发展。

3.2.5 缓解"政府失灵"和"市场失灵"

根据农村金融理论，由于农村金融在农业经济发展中的基础性地位，农村普惠金融的发展离不开政府参与，政府在农村金融中的"缺位"与"错位"使农村金融同时存在"政府失灵"和"市场失灵"（王峰虎和谢小平，2010）。"政府失灵"和"市场失灵"扭曲了农村普惠金融市场，降低了农村金融市场的资源配置效率。在农村金融中，为激励农村金融机构开展金融服务，政府采用财政补贴，增加金融机构的金融供给。在政府补贴下，农村普惠金融的市场变化如图 3.9 所示。

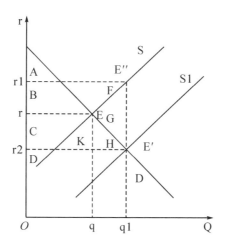

图 3.9　农村普惠金融的市场变化

在图 3.9 中，财政补贴参与农村金融后，金融需求曲线不变，金融供给曲线在财政补贴作用下下移，原有金融供给均衡点 E（q，r）沿着需求曲线移到 E′（q1，r1），用户需求增加，金融供给在 E″（q1，r2）达到均衡，在政府补贴的作用下，农村金融市场的消费者剩余由区域 A+B 变为区域 A+B+C+H+K，生产者剩余由区域 D+C 变为区域 B+C+D+F，政府补贴的福利损失为区域 G。因此，政府的参与出现低效率的市场资源配置，存在政府失灵。

政府对农村金融市场的过度干预和监管不足，都会扭曲农村金融市场，使农村金融市场功能不足。应用金融科技后，金融机构在市场的作用下，通过金融服务创新提高资金流动效率，通过信息复制实现数据重用、关联，充分挖掘数据的价值，科学进行金融决策和用户风险管理，降低金融风险，提高农村金融的规模收益，促使农村金融通过市场的作用平衡其收益和成本；减少政府对农村金融市场的过度干预。此时，根据农村金融市场的特点，政府将财政干预的手段转向加强网络基础设施和公共平台的建设，加强通信网络特别是移动通信网络的建设，提高现代支付系统的资金清算和结算能力；或者通过向农业保险等进行补贴，降低农业生产属性带来的金融风险，提高金融机构对农村信贷的期望收益；提高农户的信息素养和金融终端设备的持有量，减少农村金融需求抑制，促进农村普惠金融市场的发展。

3.2.6　强化金融监管

巴红静和管伟军（2009），周振等（2015）研究认为，农村金融普遍存在资金外流现象。面对农村金融资金不足、融资难的问题，王伟和朱一鸣（2018）研究认为，普惠金融或加重资金外流现象。因此，在信息不对称的环境下，农村金融机构相比金融监管者而言，拥有更多的私人信息。由于农村普惠金融在国家宏观经济中的战略地位，农村普惠金融一直强调对金融机构的金融行为监管，并且，国家宏观政策的执行、金融风险管理等也使农村普惠金融监管尤为重要。

监管机构对金融机构实施监管，信息的不对称使金融监管成为监管者与金融机构之间的博弈过程。监管机构有两种状态：监管和不监管。金融机构有两种状态：正常和违规。监管者监管有成本 C，若金融机构违规，监管后市场收益为 $P1$，不监管的成本为 0；若金融机构违规，市场不监管损失为 $P2$。金融机构被监管时正常运行，收益为 $W1$，违规运行被处罚，损失为 $\Delta W1$；金融机构不被监管时，正常运行收益 $W1$，违规收益为 $\Delta W2$。监管机构的监管概率为 α，金融机构正常运行的概率为 β，则监管机构和金融机构博弈的支付矩阵如

图 3.10 所示。

金融机构 (f)

		正常	违规
		β	$1-\beta$
监管机构（g）	监管 α	$-C,\ W1$	$P1-C,\ W1-\Delta W1$
	不监管 $1-\alpha$	$0,\ W1$	$-P2,\ W1+\Delta W2$

图 3.10　监管机构和金融机构博弈的支付矩阵

纳什均衡的条件是：监管机构在不同状态下的收益相等，金融机构在不同状态下的期望收益相等。即：

$$\pi g:\ -C*\beta+(P1-C)*(1-\beta)=-P2*(1-\beta) \tag{3.3}$$

$$\pi f:\ W1*\alpha+W1*(1-\alpha)=(W1-\Delta W1)*\alpha+(W1+\Delta W2)*(1-\alpha) \tag{3.4}$$

得出：

$$\alpha=\Delta W2/(\Delta W1+\Delta W2) \tag{3.5}$$

$$\beta=(P1+P2-C)/(P1+P2) \tag{3.6}$$

因此，监管机构和金融机构之间的混合策略纳什均衡是：$\alpha^*=\Delta W2/(\Delta W1+\Delta W2)$，$\beta^*=(P1+P2-C)/(P1+P2)$。监管机构以 α^* 的概率监管，金融机构以 β^* 的概率正常运行。β^* 的意义在于：当金融机构正常运行概率小于 β^* 时，监管机构的理性选择是加强监管；当监管机构监管概率大于 α 时，金融机构的理性选择是正常运行。

当金融科技应用后，大大减少了农村普惠金融监管机构与监管者的信息不对称问题。信息技术的应用，对农村普惠金融资金流动信息的采集，监管者通过金融信息管理系统，对农村普惠金融的资金流动进行监管，大大降低了监管成本。此外，信息技术中关于资金信息跟踪、数据挖掘等方法，进一步强化了金融监管决策，使金融监管概率为1，农村普惠金融机构按照普惠金融的激励规则，减少资金外流，积极发展普惠金融。因此，金融科技应用后，不管是寻租还是资金外逃等金融机构违规现象，都能得到有效的监管，确保了国家金融监管制度和政策的实施。

3.3　金融科技应用促进农村普惠金融发展的作用机理

金融科技的应用降低了普惠金融的金融交易成本，使具有金融需求的用户可承受其成本，通过金融市场长尾中的交易数量，保证金融供给方获得正常的利润，从而最终达成金融交易。随着金融交易成本降低，更多的金融组织参与农村普惠金融，为"三农"提供多层次的金融服务。

根据"作用机理"在维基百科的定义①，金融科技对农村普惠金融的作用机理是农村普惠金融的要素和要素之间的关系，这些要素包括多元化的金融供给主体、普遍的金融服务对象、多样化的服务内容，以及保障要素之间作用关系的法律法规和成果共享机制等，其作用机理如图 3.11 所示。

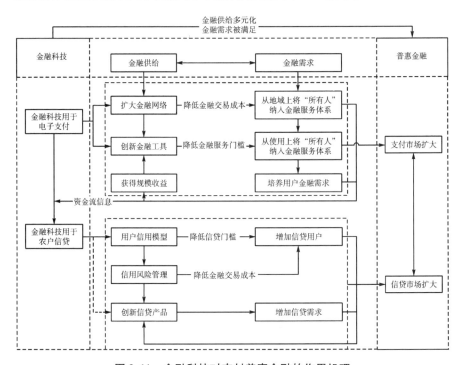

图 3.11　金融科技对农村普惠金融的作用机理

---

① 作用机理是指为实现某一特定功能，系统中各要素的内在工作方式以及诸要素在一定环境条件下相互联系、相互作用的运行规则和原理。

在图 3.11 中，法律法规主要用于防范金融科技创新时引发的金融风险问题，特别是解决农村普惠金融的各参与主体的争端问题，保障农村普惠金融的可持续发展；成果共享机制则用于当金融服务成本降低时，参与农村普惠金融的各主体的利益分配，以促进农村金融市场的金融供给和金融需求的协调发展。因此，金融科技作用于农村普惠金融的机理是：通过降低金融服务的成本，促成农户在可承受的成本范围内获得金融服务，金融供给则通过规模收益获得盈利并实施金融创新，以满足更广阔的农村金融市场的需求。以金融服务中的支付服务和信贷服务为例，在支付服务中，公有的网络、清算和结算系统以及支付终端对金融服务成本的分担，使金融创新成本在每笔支付交易中的成本较小，而资金流动的数据收益激励了金融供给方愿意为用户提供低成本甚至免费的金融体验或金融服务；信贷服务则在技术的作用下，最大可能降低金融交易成本，降低用户信贷门槛。其中，小额免息的短周期借贷对用户参与普惠金融基本无交易成本、无门槛，用户在获得金融服务的同时也提高了自身的金融素养，其交易中的资金流信息为用户今后获得高额度的信贷积累了信用。

因此，金融科技发展普惠金融的核心机制为：金融科技应用→金融创新降低金融交易成本/风险→金融供给获得规模收益→金融创新降低服务门槛→金融需求增加→普惠金融市场发展。

3.3.1　金融科技用于发展电子支付

电子支付充分利用了公共设施的外部性，将公共设施的社会收益转化为电子支付的私人收益，降低了金融交易成本，其不同形式下的金融交易特点如表 3.1 所示。

表 3.1　电子支付在不同形式下的金融交易特点

支付形式	金融交易的特点
现金支付	区域性较强，远距离支付的交易成本高，资金流动效率低
金融网点转账	与经济活动不能同步，对偏远地区其运营成本高
ATM 转账	利用国家现代支付网络和支付系统，银行提供终端设备，为了维护终端设备安全，金融机构需要支付高运营维护成本
EPOS 转账	利用国家现代支付网络和支付系统、电话网络，银行提供低成本简易终端设备，借助便利店等社会资源运营，支付一定运营成本
网上银行转账	利用国家现代支付网络和支付系统、通信网络，银行提供支付系统，用户利用自有终端使用银行支付系统支付，银行支付很少的成本开发、运营和维护费用

表3.1(续)

支付形式	金融交易的特点
移动设备转账	利用国家现代支付网络和支付系统、通信网络,银行提供支付系统、终端程序,用户利用自有终端进行支付,银行支付极少成本开发、运营和维护

注:表3.1中数据根据各金融支付机构的支付流程整理。

如果是同行支付,金融机构通过极少的成本提供支付系统,最大化支付的收益。其支付收益一方面是获得更多的用户以实现更大的网络价值,另一方面是通过支付获得更多的存款收益。表3.1中,电子支付可最大化公共基础设施的社会收益,并将其用于降低金融交易的成本,依靠信息安全技术为用户提供安全、无风险的端到端的支付,金融机构的主要成本在于支付系统的开发、运营和维护成本,如果采用移动支付等则大大降低了对用户的金融素养要求,实现了"4W1H"(What,Where,When,Who和How)的支付,支持经济活动的顺利进行;用户支付的金融交易成本主要是用于提高自身金融素养以及支付金融机构转移的金融交易成本,当用户多、支付活动频繁时,金融机构获得支付收益足够抵销金融交易的成本,此时,用户支付的交易成本接近0。

在电子支付特别是移动支付中,通信网络直接用作金融服务网络,帮助金融机构提高金融网络覆盖范围。在通信网络特别是移动网络的支持下,金融机构以较低的成本将地理空间上的"所有人"纳入金融服务体系。随着金融网络建设成本的降低,金融机构将更多的资金投入到支付系统性能的改善、金融工具和金融产品的研发中,根据农村经济活动的需求创新金融服务,优化支付流程,将更多支付安全的问题交由支付终端系统处理,降低对用户的金融素养的要求,如:针对小额支付提供免密码的扫码支付;通过指纹支付、刷脸支付等代替原有支付中的身份认证问题,简化另一方支付流程;等等。与此同时,电子支付的应用也改善了用户线下支付的环境,助农取款工程得到较快的发展,用户利用可信任的熟人关系网络中的移动支付获得支付服务,完成资金代转等基本的金融服务,以满足农村经济活动中基本的金融需求。因此,在电子支付环境下,多渠道的支付服务真正以较低的门槛将"所有人"纳入金融服务体系。

在"所有人"的支付服务中,农户获得支付服务的金融交易成本无限降低并向零成本逼近,在支付体验的过程中,农户的金融素养得到提高。在助农取款工程中,高金融素养的便利店向农户进行金融相关知识宣传;在网上银行支付服务中,用户通过金融机构官方网站不断提高自身金融素养;在移动支付中，金融机构的信息管理系统根据用户已有的经验知识，通过客户端程序对用户进行主动的金融知识推送，提高用户的金融素养。随着用户金融素养的提高，用户不断匹配经济活动中的金融需求，并在农村普惠金融市场中寻求金融供给，用户对支付的需求发展了农村支付市场；用户的增加、支付交易的增长等在信息经济学的作用下，为金融供给方带来规模收益，激励金融供给方提供更多的金融服务发展农村普惠金融。

电子支付环境下，金融供给方在提供支付服务的过程中，金融机构通过资金流信息采集农户资产信息、资金流动信息、社会关系网络等用户的金融行为以及与用户金融相关的数据，包括用户资金流动中由支付行为形成的经济上下游关系等信息，通过资金流信息构建用户的信用模型，评价农户的信贷风险，为进一步发展农户信贷和提高金融资源的配置效率奠定了基础，以此促进金融科技用于农村普惠金融的信贷服务，发展农业供应链金融。

3.3.2　金融科技用于农户信贷

由于金融资源的稀缺性，信贷问题是传统农村金融的主要问题之一，信息不对称问题下逆向选择和道德风险问题引发的金融高风险是农村金融排斥的主要原因。农村普惠金融的重要问题是帮助农户获得有效信贷（马小明，2014）。

金融科技用于农户信贷，一是金融科技用于电子支付采集了大量用户的金融行为数据，为全面评价用户的金融风险提供了第一手数据，由于长时间对用户交易数据的采集，用户逆向选择需要投入较大的成本，因此，金融科技的应用有效减少了用户在信贷中的逆向选择行为；二是金融科技用于信贷决策，更全面、客观地评价了用户的金融风险，用户的金融交易数据作为"资产"后，扩大了用户"资产"的范围，强化了用户信用在信贷中的地位，使原本因自然禀赋较低而被金融排斥的用户获得了信贷，降低了用户信贷的门槛；三是在金融科技的应用下，更多的金融组织参与到农村普惠金融中，根据农户的金融需求，提供了更多层次的金融服务，在传统金融下难以实施的无抵押、无担保的小额周期性消费信贷得以实施，最大化降低了信贷的门槛。用户通过周期性借贷，不仅满足了农村最基本的金融需求，也积累了信用数据，为后期获得更广泛的信贷服务创造了条件，激励用户获得金融服务，从而将"所有人"纳入金融体系。用户信贷需求的释放发展了农村信贷市场，帮助金融机构获得规模收益。

金融科技的应用使信贷和资金流动信息公开化，金融机构不仅依靠支付系统获得准确的用户资金的流动情况，而且通过用户在金融网络中的资金流动上下游关系，跟踪用户的资金使用情况、资产情况等，最大可能地降低了用户的信贷风险，有效减少了用户的道德风险问题，从而降低了金融机构的信贷交易成本。

不断增加的信贷收益和不断降低的信贷交易成本，激励了金融机构研发新兴信贷工具和信贷产品，根据农村经济活动的金融需求创新信贷服务，节约了农户获得信贷的成本，在电子支付的作用下，将资金划拨到用户账户。一方面，金融机构采用官方网站通过网上或移动客户端程序，接收用户远程的信贷申请，进行在线审核和放款；另一方面，金融机构通过用户的资产、信用以及其他经济活动数据，主动为农户提供相应的信贷服务，挖掘潜在的信贷资源，提高农户获得信贷的效率，发展农村信贷市场。

金融科技在农村金融中的应用同时需要利用技术加强农村金融的监管。面对农村金融资源不足的问题，金融机构应用金融科技的手段做好"开源节流"，不仅要防止资金逐利导致的农村资金外流，而且要畅通其他资金流入农村的渠道，让城市的资金投入农村经济的发展。因此，金融机构一方面可以利用金融科技加强对资金流动的监管，减少资金外流现象，促进农村金融资源取之于民，用之于民；另一方面，应用技术的手段让城市的资金精准、高效地投入农村，让更多的农户获得信贷，最大限度地满足农村金融的信贷需求，发展农村信贷市场，从而发展农村普惠金融。

3.4 小结

金融科技对普惠金融的影响，最主要的理论有市场供求理论、网络经济理论和农村金融理论。市场供求理论下，农村普惠金融的发展是由农村金融供给引导农村金融供给和需求协调发展的结果；网络经济理论下，金融科技应用减少在农村金融中信息不对称的问题，降低了农村金融风险和金融交易成本，将"所有人"纳入金融体系，通过规模收益，激励金融供给不断创新和发展农村普惠金融；为满足农村普惠金融发展的需求，政府应加强平台和公共设施建设，减少对农村普惠金融市场干预，避免农村金融市场效率低下或农村金融的高风险。

在上述理论的基础上，本章进一步对金融科技应用如何降低金融交易成本、促进农村金融供需双方协调发展等六个方面进行了经济学分析，并提出了金融科技应用促进农村普惠金融发展的作用机理的概念模型，分别讨论了金融科技如何发展农村电子支付市场和农村信贷市场。

通过本章的研究得出如下结论：金融科技应用促进金融机构将公共基础设施的社会效益内部化，从地域上将"所有人"纳入金融体系；金融科技应用促进支付工具和产品创新，从系统易用性方面，无限降低支付服务的门槛，将"所有人"纳入金融体系，发展农村支付市场；金融科技应用促进信贷工具和产品创新，无限降低用户获得基本信贷服务的门槛，其中无担保、无抵押、免息的小额周期性消费贷款，将"所有人"纳入金融体系，发展农村信贷市场。通过支付市场和信贷市场的相互促进、协调发展，最终发展农村普惠金融市场。

4 农村金融科技与普惠金融综合评价

普惠金融早在 2005 年由联合国提出，2006 年在亚洲小额信贷论坛上，中国人民银行提出发展普惠金融；2012 年在二十国集团峰会上，胡锦涛同志在大会报告中提出普惠金融的本质问题是发展的问题；2013 年 11 月，《中共中央关于全面深化改革若干重大问题的决定》提出发展普惠金融，其主要渠道是实施金融创新，丰富农村金融市场服务层次和产品；2016 年《G20 数字普惠金融高级原则》中，我国强调发展数字普惠金融。

2013 年以来，信息技术的高速发展以及向各领域的渗透，使我国互联网金融兴起并高速发展，互联网金融被认为是实现普惠金融的重要手段，而且，无论是发达国家还是发展中国家，互联网金融都发展了普惠金融；针对互联网金融的风险问题，2016 年我国开始全力发展金融科技，将其用于驱动金融创新和金融产业升级、降低金融交易成本、提高金融覆盖率等，以应对农村普惠金融的高成本、高风险问题。2019 年，我国开始试点 DCEP 的使用，其中，DCEP 在农产品交易市场的使用进一步推动了农村普惠金融的发展。

在研究金融科技对普惠金融作用机理的基础上，为进一步研究金融科技对普惠金融的影响效应，本章对我国普惠金融特征进行分析，并进一步分析研究四川省的普惠金融特征。

4.1 数据来源和研究方法

4.1.1 数据来源

本章的数据主要来源于有关统计年鉴、研究报告、研究文献以及调查数据，主要用于综合评价普惠金融和金融科技相关的信贷、资金流动、金融基础设施、经济和人口等基础数据。

（1）利用 2012—2017 年的《全国统计年鉴》《四川统计年鉴》和《乐山市统计年鉴》等地方统计年鉴，获取 2012—2017 年的经济、人口、收入等数据；对部分缺失的数据，则采用 2012—2017 年的政府报告、统计数据库和统计报表等进行补充。

（2）利用普惠金融的研究文献、2010—2018 年《中国农村金融服务报告》获得农村普惠金融有关的信贷、存款、金融机构分布等数据，研究农村普惠金融的特征。

（3）利用 2012—2017 年的《支付体系运行报告》、CNNIC（中国互联网信息中心）第 23~43 次《中国互联网络发展状况统计报告》以及调查数据，获取与金融科技相关的支付工具、支付系统、金融基础设施等相关数据。

（4）鉴于部分数据的可得性问题，本章以四川省乐山市、德阳市和阿坝州的县级数据研究四川农村普惠金融特征。

4.1.2 研究方法

4.1.2.1 描述性统计

描述性统计主要用于四川省的农户信贷、涉农信贷、支付工具、基础设施在普惠金融、金融科技和经济等方面的特征、趋势以及它们的相互关系的定性和定量的一般的描述性分析。

4.1.2.2 普惠金融的计算方法

普惠金融的发展程度，参照本书 2.5 节的研究，根据 Beck et al.（2007）、Mandira Sarma（2008）和北京大学数字普惠金融指数，金融科技应用下农村普惠金融 RIFI 采用 3 个一级指标、11 个二级指标进行评价，如表 4.1 所示。

表 4.1　金融科技应用下四川省的农村普惠金融指数

一级指标	二级指标	含义
金融服务广度	平均每万人拥有网点数量	每万人拥有的银行业金融机构数
	平均每万人网上银行数	每人拥有的网上银行数
	平均每万人手机银行数	每人拥有的手机银行数
	平均每万人电话银行数	每人拥有的电话银行数
	助农取款点数量	每万人拥有的电话银行数

表4.1(续)

一级指标	二级指标	含义
金融服务深度	人均结算账户数 人均涉农贷款额度 人均农户贷款额度 农户贷款占比	账户数/居民人口 涉农贷款/劳动力人口 农户贷款/劳动力人口 农户贷款/涉农贷款
金融服务的有效性	农村人均消费收入比率 贷款率	人均消费/人均可支配收入 涉农贷款余额/第一产业增加值

表4.1中，在金融服务的广度方面，在金融科技的应用下，银行网点不再是获取金融服务的唯一路径，一些行政村通过助农取款工程等金融服务渠道获得金融服务。在一些银行网点不能触及的地方，农户通过网上银行、手机银行和电话银行获得金融服务，因此，普惠金融中金融服务的可达性选择了包含银行网点在内的助农取款工程、网上银行、电话银行和手机银行；在金融服务的深度方面，选择了人均结算账户数、涉农贷款额度、农户贷款额度以及农户贷款在涉农贷款中的比例进行衡量，其中，农户贷款在涉农贷款中的比重，反映了普惠金融中，农户对信贷的可达性；在金融服务的有效性方面，选择农村人均消费在人均可支配的收入中的比重、涉农贷款余额在第一产业的增加值中的比重进行衡量。

金融科技应用下农村普惠金融的指标选择中，普惠金融的一级指标选择同Beck et al. (2007) 的相关指标，因此，在普惠金融的测度上，普惠金融的评价指标值具有良好的信度和效度；在二级指标的选择上，根据一级指标的内容进行选择。在金融服务的广度方面，由于电子支付和电子银行的兴起，网上银行、电话银行和移动银行都具有银行网点的大部分功能，例如转账、修改密码、购买基金等，因此，根据金融科技的应用，虽然将普惠金融的二级指标进行重新定义，但新加入的指标体系同原有的指标体系一样，仍具有较好的信度和效度。在金融服务的深度方面，主要反映农户对金融服务的获得情况。在传统的普惠金融中，存款和贷款是普惠金融最重要的金融服务，金融科技应用后，用于衡量普惠金融深度的指数还有结算账户等。而且，农户贷款在涉农贷款中的比例也是普惠金融深度的重要指标，表示农户获得信贷服务的能力。因此，本研究将人均结算账户数、人均涉农贷款额度、人均农户贷款额度和农户贷款所占比例作为普惠金融服务深度的二级指标，覆盖了数字普惠金融下，农户在支付和信贷等金融服务方面的内容，经过数据分析，指标选择具有较好的信度和效度。在金融服务有效性方面，由于电子支付提高了资金流动的效率，对消费有促进作用（崔海燕，2016；龙海明和赵红梅，2016），因此，本研究将消费在收入中的占比作为金融服务有效性的重要指标，反映了金融对人们生活的改善情况。而且，经过数据分析，消费在收入的占比与贷款率反映了金融的有效性，具有较好的信度和效度。因此，表4.1的指标在测试普惠金融的发展水平上，具有有效性和可行性。

农村普惠金融指数（RIFI）计算，参照张晓琳（2018）的研究，确定各指标及各维度的权重。具体计算RIFI的指标过程如下：

①数据的无量纲化处理。数据无量纲化处理采用极差法进行，即数据差值在数据最大差值所占的比重：

$$T_{ij} = \frac{X_{ij} - m_{ij}}{Y_{ij} - m_{ij}} \tag{4.1}$$

式中，X_{ij}、Y_{ij}和m_{ij}分别表示第i个维度下第j个指标的实际值、最大值和最小值，$Tij \in [0，1]$，T_{ij}越大，说明普惠金融在该项指标的水平越高。

②权重确定。由于$T_{ij} \in [0，1]$，本研究采用变异系数法，用该指标的标准差与平均值的比值进行表示。具体为：

$$CV_j = \frac{S_j}{X_j} \tag{4.2}$$

式中，CV_j、X_j和S_j分别表示第j个指标的变异系数、平均值和标准差，第j个指标的权重为w_j为：

$$w_j = \frac{CV_j}{\sum_j CV_j} \tag{4.3}$$

③分别计算普惠金融在广度、深度和有效性方面的普惠金融指数，得到各地的$RIFI_i$为：

$$RIFI_i = 1 - \frac{\sqrt{\sum_j w_j^2 (1 - T_{ij})^2}}{\sqrt{\sum_j w_j^2}} \tag{4.4}$$

④在获得普惠金融三个方面指数的基础上，进一步使用①~③的方法，计算各地RIFI的总指数，指数值越大，则农村普惠金融的水平越高。

普惠金融的指数值为0~1，普惠金融的发展水平是一种相对表示，用于分析一个市（区）内各个区（县）的普惠金融发展程度。指数水平为1或0，并不代表是完全普惠金融或者完全的金融排斥。

4.1.2.3 金融科技的计算方法

如前所述，金融科技应用范围很广，包括金融机构通过信息技术提供的支付服务、信贷服务以及信息科技公司在农村提供的支付服务和信贷服务等。浙江大学金融科技研究院编制了全球金融科技指数（Global Fintech Hub Index，GFHI），该指数涉及金融科技产业、金融科技体验、金融科技生态。参照GFHI，本研究以农村金融机构在支付服务中的信息科技应用作为农村金融科技的应用水平进行测算，得到农村金融科技指数（RFHI），所得结果用于评价各地区的金融科技应用水平差异，以及该差异对农村普惠金融的影响。

资金流动是金融的基础，在金融科技环境下，电子支付是资金流动的渠道，现代支付体系是电子支付的保障。尽管采用现代支付体系的数据测算复杂的金融科综合水平具有一定的局限性，但是，金融科技中的支付、资本筹集、投资管理与市场设施（见表 2.2）等所有内容均与资金流动有关。因此，本研究在测算金融科技的综合水平时，参照金融机构对现代支付体系的统计指标，本研究采用包括金融设施、非现金支付水平、银行卡受理水平三类一级指标对金融科技水平进行测算。为了更详细评价金融科技的应用情况，中国人民银行将上述三个一级分类指标分为 25 个二级分类指标。详细情况如表 4.2 所示。

表 4.2　金融科技应用的分类指标

指标序号	一级分类指标	二级分类指标	二级分类指标个数
1	金融设施	行内系统接入情况	3
		大小额支付系统接入情况	
		支票影像系统接入情况	
2	非现金支付水平	银行汇票，银行本票，支票	15
		银行承兑汇票，商业承兑汇票	
		POS 交易，ATM 存现，ATM 转账，ATM 取现	
		银行卡柜台转账，银行卡柜台存现 银行卡柜台取现，网上银行交易	
		手机银行交易，电话银行交易	
3	银行卡受理水平	借记卡数量，信用卡数量	7
		特约商户数量	
		ATM 数量	
		其他设备接入数量	
		POS 数量，电话 POS 数量	

在表 4.2 中，为了分析金融科技的应用水平，对金融科技的分类指标进行加权计算和降维，分别对金融科技的应用水平的 3 个分类指标得分进行计算，并进一步对 3 个分类的金融科技指标进行二次计算，得出地区的金融科技应用综合水平指数。金融科技在农村的应用水平测度表现为对农村金融中信息化程度的测度，根据金融统计对农村金融的分类指标，农村金融的科技水平体现在银行卡受理市场、非现金支付工具和支付清算基础设施等方面的应用，其计算过程参照吕斌和李国秋（2015）在新一代信息化测度的研究。由于分类指标之间的量纲差异，参照程慧平和周迪（2015）的研究和我国信息化水平研究，采用 TOPSIS 方法计算分类指标权重，该方法在 1981 年由 Hwang & Yoon 提出，在 1992 年由 Chen 和 Hwang 做了拓展。具体方法如下：

①无量纲化处理：

$$r_{ij} = \frac{x_{ij}}{\sum\limits_{i=1}^{m} x_{ij}}, \ r_{ij} \in (0, 1) \tag{4.5}$$

②信息熵。

对 m 个评价对象，n 个评价指标的项目中，第 j 个测评指标的信息熵值为：

$$e_j = \frac{1}{-lnm} \sum\limits_{i=1}^{m} r_{ij} * ln\, r_{ij}, \ j = 1, 2, \cdots, n \tag{4.6}$$

③信息熵的权重。

为避免专家打分在 AHP 分析中的主观因素影响，引入信息熵作为权重，信息熵第 j 个指标的权重为：

$$w_j = (1 - e_j) / (n - \sum\limits_{j=1}^{n} e_j) \tag{4.7}$$

④计算加权矩阵：

$$x_{ij}{}^* = r_{ij} * w_j \tag{4.8}$$

⑤金融科技各分类的应用水平得分为：

$$C_i = \sum\limits_{j=1}^{n} x_{ij}{}^* \ (i = 1, \cdots, m) \tag{4.9}$$

C_i 越大，表示金融科技在分类上的应用水平得分越高，金融科技在相对区域的范围内的应用水平越高。

4.2 我国农村普惠金融的现状分析

普惠金融涉及"所有人"的"全方位"的金融服务，一直以来受到行业及金融机构的高度重视。在此背景下，我国农村普惠金融得到快速发展。

4.2.1 农村普惠金融"三多一广"

"三多一广"是指我国农村普惠金融供给多层次、金融供给主体多元化、金融服务供给多样化以及金融服务对象覆盖广。

4.2.1.1 普惠金融供给多层次

普惠金融自提出后在我国受到高度重视。2012 年胡锦涛同志在二十国峰会上作普惠金融的专题报告；2016 年习近平主席在 G20 杭州峰会上将数字普惠金融作为普惠金融的方向和趋势。为了将普惠金融落到实处，我国制定了发展普惠金融的纲领性文件。2013 年党的十八届三中全会《关于全面深化改革若干重大问题的决定》中提出"发展普惠金融"，主要从金融创新方面去满足金融市场多元化的金融需求；2016 年 1 月，国务院印发了《推进普惠金融发展规划（2016—2020）》，要求普惠金融满足金融服务机会均等和商业可持续性的原则；同年 9 月，《G20 数字普惠金融高级原则》中强调发展数字普惠金融；2017—2019 年中央一号文件提出用互联网金融构建多层次的金融服务，发展普惠金融，普惠金融的重点在乡村，充分发挥普惠金融对"乡村振兴"的战略支持，解决"乡村振兴"的资金来源问题；提出利用政策激励机制，降低"三农"的信贷服务门槛，鼓励对"乡村振兴"和"脱贫攻坚"等国家宏观政策下的信贷提供中长期信贷。

在国家宏观政策的指导下，中国人民银行于 2017 年颁布了《关于对普惠金融实施定向降准的通知》，以引导各金融机构参与普惠金融；2018 年，中国人民银行等五部委联合发布了《关于进一步深化小微企业金融服务的意见》，通过降低利率、增加信贷资金以及根据小微企业情况延长贷款期限，提供适度的中期借贷；同年，中国人民银行颁布了《农村普惠金融服务点支付服务点技术规范》，规范农村普惠金融的运行，降低农村金融风险。

随着普惠金融的实施，各大中型国有商业银行在总行层面完成了普惠金融事业部设置，各分支机构设置了普惠金融事业部的前台业务部门和专营机构，形成了总行到分支机构的自上而下的普惠金融垂直管理体系，从而促进了农村

"多层次"普惠金融体系的形成，重点解决"三农"、小微、扶创和"三创"等方面的金融需求；同时，各涉农金融机构如中国农业银行和中国邮政储蓄银行成立"三农金融事业部"。因此，在农村普惠金融实施的过程中，通过政策、文件和制度等，促成农村普惠金融服务体系具有"多层次"的典型特征。

4.2.1.2 农村普惠金融供给主体多元化

1978 年以来，我国金融组织体系经过改革和发展，金融组织体系已形成，包含正规金融机构和拥有支付牌照的支付组织。正规金融机构经国家正规主管部门设立，而非正规金融机构则是民间自由形成的协会或组织；2018 年，中国人民银行等九部门制定的《"十三五"现代金融体系规划（2016—2020)》将拥有支付牌照的互联网金融纳入了现代金融体系，对农村金融市场进行了补充。正规金融机构仍然是我国金融体系的主体，分为政策性金融机构、商业性金融机构和合作性金融机构。政策性金融机构主要由政府出资成立，在特定领域发挥重要作用的金融机构，如中国农业发展银行；商业金融机构是以企业的可持续发展为目的的金融机构，如五个国有大银行和 12 家股份制银行等；合作性金融机构也称互助性金融机构，是由辖区内的经济主体参与形成的金融机构，如农村金融合作信用社。2020 年年底，我国银行业金融机构达到 4 607 家，它们根据自身的特点为社会提供金融服务。

2018 年中央一号文件明确指出普惠金融的重点在农村。政策性金融机构有中国农业发展银行，商业性金融机构有中国农业银行和邮政储蓄银行，而农村合作信用社则是农村主要的合作性金融机构。2019 年中央一号文件提出推动农村信用社省联社股权改革，充分发挥农信社在农村金融中的市场主体作用。此外，根据 2006 年银监会《关于调整放宽农村地区银行业金融机构准入政策，更好地支持社会主义新农村建设的意见》（以下简称《意见》），农村成立了新型的农村金融机构，如农村村镇银行等。

在我国农村普惠金融实施的过程中，中国农业银行和邮政储蓄银行作为农村主要的金融机构，中国农业银行的网点数为 23 652 个，邮政储蓄银行的网点数为 40 000 个①，中国农业银行和邮政储蓄银行的网点数，在国有商业银行的网点数中所占比例接近 60%。随着金融科技的应用，到 2019 年 7 月，各商业银行的网点在逐步减少，但是，中国农业银行和邮政储蓄银行的营业网点数仍然在六大商业银行中占绝对优势。除此之外，农村金融机构还有农村信用

---

① 中国银行监督委员会发布的 2018 年 6 月的统计数据。

社、新型合作金融组织（农村村镇银行、贷款公司和资金互助社）、农村合作银行和农村商业银行，农信社和经农信社改制形成的农村商业银行网点占比达到 92.12%，随着农村金融机构的深化改革，更多的农信社将转制为农村商业银行；《2014 年中国农村金融服务报告》显示，新型金融机构村镇银行等将92.9% 的贷款投向了"三农"和"小微企业"。截至 2017 年年底，我国有 17家民营银行，其中有 8 家为互联网银行，国有大型银行和股份制银行成立了金融科技子公司和普惠金融事业部；随着拥有支付牌照的科技公司参与到普惠金融中，2018 年，我国成立了网联清算公司，提供第三方支付组织的清算和结算服务，提高持有支付牌照的非金融机构的清算和结算效率，降低金融风险。

因此，在普惠金融实施的过程中，为实现金融普惠，我国农村普惠金融供给主体已具有典型的多元化特征。

4.2.1.3 农村金融服务供给多样化

在金融科技的应用下，各金融机构根据农村金融市场的特点，创新金融渠道和金融服务，以此延伸金融服务网点，发展农村普惠金融。农村金融机构积极加入现代支付体系，提高系统的资金转账、清算和结算能力，并利用自身的信息优势，在金融服务空白乡镇设立网点，在金融服务空白村发展助农取款点，提供基本的金融服务。中国农业银行和中国邮政储蓄银行作为国有大型商业银行，利用自身的技术优势引导农村金融创新：在金融服务渠道方面，参与农村金融服务的组织积极发展移动支付、移动银行和移动金融，并优化金融服务流程，提供更高效、便捷的金融服务，降低金融服务获得的门槛，最大化满足各类用户的金融需求；在金融服务产品方面，创新信贷服务，对缺乏信用积累的用户，提供无担保、无抵押的小额周期性消费信贷，对于信用度高的用户或投资收益好的项目，根据风险评估提供相应的信贷；此外，中国农业银行还提供了电商平台"农银 E 管家"，延伸金融服务的内容。

随着农村普惠金融的发展，2013—2017 年，商业银行的离柜率由 63.3%提升到 87.58%，截至 2017 年年底，15 家商业银行的离柜率超过 90%，民生银行离柜率达到 99.27%。离柜率的增长表明我国在电子金融方面得到快速发展，通过金融科技实施的金融服务创新，基于移动银行、网上银行等渠道的电子金融取得了显著成效。以移动银行为例，通过移动银行发展农村普惠金融的过程如图 4.1 所示。

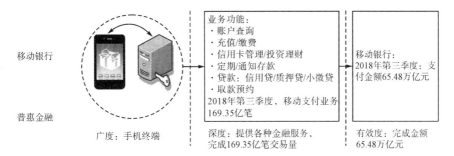

图 4.1　移动银行与农村普惠金融的发展

以移动银行发展农村普惠金融的过程中，因为手机终端对移动银行的正外部性，使手机终端在移动 APP 作用下以较低的成本成为用户定制的银行网点，在广度上发展了农村普惠金融；而移动 APP 集成了用户的部分私人信息，优化了金融服务的流程，帮助用户获得金融服务，在深度方面发展了农村普惠金融；通过移动支付，实现资金转账，在有效性方面发展了农村普惠金融。《2020 年第四季度支付体系运行报告》显示，在一个季度内，移动支付交易量达到 360.81 亿笔，实现了 118.43 万亿元资金转账[①]。

因此，在普惠金融实施的过程中，为实现金融普惠，我国农村普惠金融服务供给已具有典型的多样化特征。

4.2.1.4　农村普惠金融服务覆盖广

普惠金融服务覆盖率逐渐增加，2009 年项目启动时，我国农村普惠金融服务空白乡镇为 2 945 个；截至 2017 年年底，我国农村普惠金融服务空白乡镇数量降低至 700 个[②]，70% 的省份实现了银行网点在乡镇全覆盖，地广人稀的西藏、青海的乡镇一级的网点覆盖率分别为 66.7% 和 57.6%；2020 年将消除农村普惠金融服务空白乡镇。涉农信贷逐年增加，2011—2017 年，我国涉农信贷余额从 14.6 万亿元增加到 30.95 万元，农户贷款由 3.1 万亿元上升到 8.11 万亿元，2017 年年末，我国农村成年人在银行有贷款的比例为 35.86%，在银行业以外的机构有贷款的比例为 25.03%。

---

① 中国人民银行. 2020 年第四季度支付体系运行报告［EB/OL］.（2020−11−27）［2021−05−04］. https://www.cebnet.com.cn/20201127/102705454.html；中国人民银行. 2020 年第四季度支付体系运行报告［R］. 2020.

② 2009 年 10 月，农村金融服务空白乡镇为 2 945 个，2010 年为 2 299 个，2011 年为 1 696 个，2014 年为 1 570 个，2016 年为 1 296 个，2017 年为 700 个。数据来源：《中国农村金融服务报告（2018）》。

结算账户呈现高速增长。中国人民银行发布的《2017 年中国普惠金融指标分析报告》显示：2017 年年末，农村地区个人银行结算账户 39.66 亿户，人均 4.08 户，农村 81.44%成年人有活跃结算账户，我国有 29 个省（区、市）的农村地区超过 80%的成年人有活跃结算账户，其中，重庆、贵州、宁夏等省（区、市）超过 90%。

总之，银行网点的增加，逐渐减少了农村普惠金融服务空白乡镇，为更多的农户提供了普惠金融服务；涉农信贷的增加，使更广泛的农户获得信贷，使更多的农村经济活动获得金融支持；结算账户的增长，使更多的农户通过结算账户进行存、贷、汇，方便农村资金进行更广泛的流动。因此，我国农村普惠金融具有广覆盖的特征，让更广地域、更多的用户使用普惠金融。

4.2.2 农村金融科技运用普遍

根据 2018 年中央一号文件，普惠金融的重点在农村，而农村金融网点不足，普惠金融更多转向了通过网络、技术等手段的方式去发展。

中国互联网络信息中心（CNNIC）发布了第 47 次《中国互联网络发展状况统计报告》，从 2013 年 6 月到 2020 年 12 月，网民增加 3.82 亿人，达到 9.89 亿人，手机网民达到 9.86 亿人，网民使用手机上网达到 99.7%，手机网民快速增长；农村网民有 3.09 亿人，互联网普及率为 70.4%，线下交易手机支付的比例超过 50%，74%的移动用户每天使用一次手机支付[①]；农村 76.21%的成年人使用电子支付，农村拥有活跃使用账户的成年人比例为 83.37%。除此之外，我国已开发了大量的网站和 APP，尽管自 2018 年以来我国网站和 APP 的数量有所下降，但是，截至 2020 年 12 月，我国仍有 468 万个网站、359 万个 APP，其中电子商务类 APP 有 34 万个。我国银行业金融机构多数有自己的 APP，除民营银行的 8 家互联网银行外，我国国有大型银行均有 APP，中国工商银行在 2019 年时拥有的 APP 达到 17 个。随后，银行业开始优化 APP 的使用，2020 年六个国有大型银行的 APP 活跃用户数达到 3.2 亿户，其用户市场分布如图 4.2 所示[②]。

---

① 网民数和网上银行数之间、手机网民和手机银行数之间，存在一对多的关系，这是因为一个网民可以在不同的商业银行开通网银账户或手机银行账户，也可以在一个商业银行不同的账户开通网银账户和手机银行账户。

② 数据来源：中国银行业协会发布的《2017 年中国银行业服务报告》。

2020年末六个主要国有银行APP的活跃用户数（亿户）

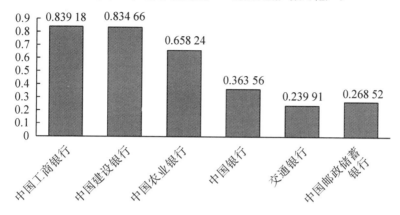

图 4.2　六个国有大型银行的 APP 用户市场分布

相比我国银行业金融机构，2020 年年末，微信支付、支付宝支付和银联云闪付占据移动支付方式前三位，微信的活跃用户数远高于所有银行业金融机构 APP 的日均活跃用户数①，除支付宝外，中国电信的翼支付、华为技术有限公司的华为钱包和中国银联的银联钱包紧随其后，位于移动支付 APP 前四位。在此期间，微信手机支付逐年增长，2020 年年末，微信支付的支付笔数和交易金额均超过支付宝。

2014 年，我国成立了发行法定数字货币（DCEP）的专门研究小组，经历了五年多的研究，2019 年，DCEP 进入封闭测试阶段，DCEP 逐步落地在具体的应用场景中进行试点。各商业银行和第三方支付机构在许可范围内，开发数字钱包 APP，支持 DCEP 的支付。DCEP 定位于 M0，DCEP 封闭测试期间，以现金交易为主的农产品交易是 DCEP 的重要测试场景，而且，DCEP 支持离线支付，将进一步推动手机支付作为金融科技的一种具体应用更广泛用于农村金融。截至 2020 年 10 月，我国 DCEP 已在 6 700 多个场景下完成测试，电子钱包数量突破 11 万个，交易达到 300 多万笔，完成 11 亿元人民币交易额。由于 DCEP 采用双离线支付方式，DCEP 支付可以渗透到任何支付场景；而且，DCEP 采用可控匿名支付，通过 DCEP 溯源，可以跟踪资金去向，从资金流动上强化农业产业链的建设。

---

① 数据来源：2020 年移动支付用户报告：微信支付超越支付宝登顶用户最常使用产品 [EB/OL]. （2021 - 01 - 14）[2020 - 05 - 09]. http://finance. eastmoney. com/a/2021011141775101076. html.

随着现代支付体系的建成，农村金融机构加入了现代支付体系。2002年，我国为满足用户多样化的金融需求，加快资金在各金融机构之间的流动，成立了中国银联，将银行卡的交易、清算和结算交给中国银联。同时，我国加快了现代支付体系的建设，这些建设包含支付工具、支付系统、支付组织和支付制度、法律法规等。银行卡是最主要的支付工具之一，2018年年末，农村拥有银行卡32.08亿张，人均持卡量为3.31张，其中，借记卡29.91亿张，信用卡2.02亿张，借贷合一卡1 434.35万张①；支付组织有银行业金融机构、中国人民银行、中国银联、网联清算有限公司以及拥有支付牌照的第三方支付机构，不同的支付机构拥有不同的支付系统，中国银行提供的现代支付系统有协助金融机构完成支付的大额支付系统、小额支付系统等十多个主要的系统，中国银联有银行卡清算系统，网联清算有限公司提供用于网上支付组织间清算的网上支付清算系统，第三方支付组织提供给用户的有支付宝、微信等支付系统。为了推动非现金支付的顺利进行，从中国人民银行到各级支付组织都制定了支付相关的规章制度。与此同时，中国人民银行一直在探索DCEP的使用，随着2019年DCEP落地并在具体的场景中进行测试，数字现金相关系统的运行、制度的完善以及支付组织的参与，现代支付体系的内容愈加丰富和完善。

自2004年开始，中央一号文件连续18年对"三农"问题给予高度重视。农村经济发展产生了大量的金融需求，要求用科技驱动创新，发展农村普惠金融。现代农业、农村电子商务、乡村振兴和精准扶贫等农村经济发展和国家宏观经济政策的实施，为农村普惠金融的发展提供了良好的市场环境。首先，现代农业要求发展以科技驱动的普惠金融，截至2018年年底，我国已基本完成土地确权和大量的土地流转工作②，土地流转主要用于合作社、种植大户等发展现代农业，采用"互联网+"实现农业的转型和升级、通过物联网建立农产品的质量安全追溯体系以及使用农业高分卫星对农业生产进行监测等，发展现代农业，要求发展农村普惠金融，提高金融资源的配置效率，加快现代农业发展和农产品流通。其次，在"互联网+"的影响下，农村电子商务的渗透要求发展普惠金融，表现在：自2014年开始，国家一直致力于推动电子商务进农村综合示范工作，经过五年的电子商务示范县建设，截至2018年年底，我国已在28个省（区、市）建立了1 016个农村电子商务示范县，其中737个是

①　数据来源：中国人民银行报告《2018年农村地区支付业务发展总体情况》。
②　数据来源：智研咨询发布的《2018—2024年中国土地流转行业运营态势及发展趋势研究报告》。

国家级贫困县，在贫困县中占 88.6%。2018 年之前的示范县的农村电子商务交易额达到 6 192.4 亿元，有县级电子商务服务中心和县级物流配送中心 1 000 多个，乡村服务站点 8 万多个，12316 "三农"综合信息平台 1 个。而且，农村电子商务仍在快速发展，资金流作为电子商务的重要内容之一，农村电子商务的发展促进了与之相适应的农村普惠金融协同发展。再次，银行业参与电子商务，进一步加强了金融和电子商务之间的关系，例如中国农业银行提供了"农银 E 管家"，作为农业银行的"三农"电商平台，将金融和农业电子商务集成在一起，形成"三农"互联网金融生态圈。最后，科技驱动创新的农村普惠金融取得了显著的成效，截至 2018 年 6 月，393.5 万家农村小微企业、农村个体工商户、农村种养殖户通过金融科技手段获得金融科技企业的金融支持。2020 年，我国全面完成脱贫攻坚任务，2021 年中央一号文件《国务院关于全面推进乡村振兴加快农业农村现代化的意见》颁布，其农业农村现代化需要与之配套的农村金融的现代化，即需要进一步加强金融科技的应用和推广。

因此，为更好地支持现代农业发展，农村普惠金融中要广泛应用金融科技，不断丰富和完善现代支付体系的内容，充分发挥农村金融对农村经济发展的支撑作用，促进乡村振兴和现代农业的发展。

4.2.3 农村普惠金融发展不均衡、区域效应显著

农户信贷是农村普惠金融的重要内容之一，农户信贷与涉农信贷的比值，扣除了人口和经济结构的影响，在一定程度上反映了当地农村普惠金融的实际情况。使用地图慧工具，将 2016 年的农户信贷/涉农信贷的比值在地图上进行数据可视化后，我国的农村普惠金融呈现了较为明显的区域特征，经济较为发达的北京、天津和上海等地由于产业化经营，农户信贷在涉农信贷中的占比较低；四川、重庆和云南等地的农户信贷在涉农信贷中的占比较高；而贵州、广西等地对农业依赖较强的地区，农户信贷在涉农信贷中的占比更高。

农村普惠金融的发展的区域效应表明，由于邻近地区的农村经济特征相似，邻近地区的农村普惠金融在信贷方面的发展程度相当，意味着农村普惠金融的发展具有一定的溢出效应：一个地区的农村普惠金融可以由发展邻近地区的普惠金融推动发展。

4.3 四川省农村普惠金融的发展成效分析

四川省金融历史悠久，金融创新非常活跃，金融科技在农村金融中有较广泛的应用和接受度。在支付方面，四川是世界上最早的纸币交子的发源地，也是法定数字货币（DCEP）的最早试点省市之一，四川雨润国际农产品交易中心的农产品交易是 DCEP 试点的重要场景之一。

四川省面积 48.6 万平方千米，2019 年人口 8 375 万，农村人口 3 870.1 万人，2020 年受新型冠状病毒疫情影响，GDP 仍达到 4.8 万亿元，拥有 5 984.9 万亩（1 亩＝666.67 平方米，后同）耕地资源①。四川省是人口大省，也是农业大省，农村经济具有非常重要的地位，农村金融为农村经济的发展提供资源配置，在四川农村经济发展中具有举足轻重的作用。

四川省辖 18 个市、3 个州。在研究四川省农村普惠金融特征及金融科技对普惠金融促进作用的效应时，全面获得四川省普惠金融及相关数据的难度非常大，本研究根据已有的支付体系数据和四川省 2017 年的 GDP 情况和经济区分属情况，选择德阳市、乐山市和阿坝藏族羌族自治州（以下简称"阿坝州"）的普惠金融特征进行重点的研究，上述三地在四川省经济中分别位于四川经济的第 2、3、4 梯队；德阳市和乐山市同属于成都平原经济区，阿坝州属于川西北生态经济区②。阿坝州所有 GDP 不足德阳市或乐山市的一个区（县）的 GDP，故在研究中将阿坝州作为整体进行研究。

4.3.1 农村普惠金融体系日趋完善

四川省在《四川省金融业"十三五"发展规划》的基础上，进一步制定《四川省推进普惠金融发展规划（2016—2020）》（以下简称《规划》），该《规划》根据四川省人民政府有关精神制定并执行，其内容根据普惠金融指标体系，在金融覆盖率、可得性和效率等方面进行了规划。

在《规划》的指导下，四川省普惠金融体系日趋完善，政策性、商业性、

---

① 2019 年四川省国民经济和社会发展统计公报［EB/OL］.（2020-03-25）［2021-05-07］. http://www.sc.gov.cn/10462/10464/10797/2020/3/25/448a6d9b06bc40708c576e1af15d24ac.shtml/.

② 根据《四川省"十一五"国民经济和社会发展规划纲要》，四川分为 5 个经济区。

合作性、新型和其他农村金融机构共同参与的农村金融竞争性市场初步形成。截至 2017 年年末，银行业金融机构网点覆盖所有区（县），金融服务空白乡镇和空白行政村大幅度减少；为充分发挥农村金融机构在农村金融中的基础性作用，农信社加快了向农商行转制，完成了 60 家农商行的挂牌，到 2016 年年末，累计发放借记卡 6 488 万张，贷记卡 2.9 万张，移动终端注册农户 475 万户，发放涉农贷款 4 422 亿元；邮政储蓄银行和中国农业银行分别在其总部的影响下，设立普惠金融事业部；此外，55 家新型金融机构在边、少、穷等地区具有较大的覆盖面①，2017 年年底，农村金融机构提供的涉农贷款余额为 1.59 万亿元②。

除农村金融机构外，其他金融机构也参与到农村普惠金融工作中。中国工商银行四川省分行对涉农企业推出"网贷通"金融服务，设立专项涉农贷款，截至 2016 年 2 月提供涉农贷款 1 136.05 亿元；南充市商业银行截至 2015 年 12 月提供涉农贷款 134.55 亿元；国家开发银行四川省分行对巴中和遂宁的重大水利工程项目、异地扶贫搬迁项目提供了金融支持。

为促进农村金融的市场化发展，提高农村金融资源配置效率，2016 年，成都作为全国首个农村金融服务综合改革试点城市，创新性地探索了一种低成本的金融服务模式——"农贷通"综合金融服务平台。该平台实现信贷、产权交易和农村电商"三站合一"，采用"金融+互联网"的网上业务办理模式。该平台主要目的是实现银农对接，为现代农业发展提供便捷的金融服务。2018 年 7 月，"农贷通"入网金融机构 86 家（含保险等金融机构），注册农户 8 600 家，完成贷款 38.19 亿元；此外，"农贷通"还采集新型农业经营主体信用信息、评估"信用村"和"信用镇"，优化金融生态环境。

许多拥有支付牌照的信息科技公司积极参与普惠金融，京东金融在 2015 年向四川仁寿县提供"仁寿京农贷"，向农村提供支付、信贷、众筹等农产品供应链的金融服务，共享支付、供应链金融的涉农政策；而且，四川还有其他各种网络借贷平台，截至 2017 年年底，四川有网络借贷平台 37 家（四川 2015 年有 81 家，因为金融风险，部分停业，部分转向了新型金融组织），提供贷款余额为 131.6 亿元③；四川有 49 家支付机构提供支付服务，其中 38 家提供银

---

① 资料来源：四川农村金融发展现状及政策建议 [EB/OL]. (2018-08-01) [2021-05-07]. http://www.ddxyjjzz.com/magazine/1128.html；王会雨，罗男. 四川农村金融发展现状及政策建议 [J]. 当代县域经济，2018 (8)：69-72.
② 资料来源：《四川省金融产业发展报告 (2017)》。
③ 资料来源：《2017 年中国互联网金融行业年度报告》。

行业收单业务；在支付宝支付和财付通支付中，四川的移动支付在其对应的支付中占比均超过90%。

互联网金融向正规金融机构转型。2016年，四川成立国内第三家网上银行——新网银行，该民营银行通过金融创新，采用数据驱动的金融服务，面向中小企业和"三农"开展普惠金融[①]。新网银行运行20个月，连接各类借贷机构500家，向1 600万客户放款4 000万笔、放款资金1 000亿元[②]。新网银行的金融创新实践进一步丰富了普惠金融的供给，促进了普惠金融供给多元化，从而丰富和完善了农村普惠金融体系。

总之，四川的农村普惠金融体系日趋完善，通过农村普惠金融多层次的金融服务，满足了农村经济发展日益变化的农村金融需求。

4.3.2 农村金融基础设施快速发展

自2012年以来，农村金融机构各县、乡镇网点加入现代支付系统，提高了农村金融网点的跨行、跨地区的支付清算和结算能力。2017年，四川省接入大小额支付系统网点8 661个，发展农村助农取款点8.11万个，农村地区布置ATM机达2.35万台，POS机达23.35万台。

以德阳市、乐山市和阿坝州为例，2017年实现了县级和乡镇级的银行网点全面接入行内系统、大小额支付系统（井研县除外），部分银行网点接入了支票影像系统。

进一步分析德阳市、乐山市和阿坝州的助农取款点特征，根据各县（市）的时间序列，其助农取款点数量的基本特征如表4.3所示。

表4.3　德阳市、乐山市和阿坝州助农取款点数量的基本特征　单位：个

地区	最大值	最小值	均值	标准差
马边彝族自治县	164	102	146.83	20.76
峨边彝族自治县	275	180	211.33	37.68
沐川县	471	355	443.17	39.89
井研县	483	306	450.67	64.99

---

① 李秀生. 新网银行的"数字普惠银行"打造之路［J］. 金融电子化，2017（10）：76-77.

② 资料来源：新网银行获"2018中国民营银行先锋榜"奖项［EB/OL］.（2018-09-07）［2019-01-07］. http://news.sohu.com/20180907/n548818104.shtml.

地区	最大值	最小值	均值	标准差
夹江县	621	383	562. 17	81. 12
犍为县	1 013	484	888. 83	197. 48
峨眉山市	1 088	349	758. 83	297. 00
罗江县	1 506	1 247	1 399. 17	98. 52
什邡市	1 869	1 558	1 750. 50	115. 58
广汉市	2 135	1 377	1 769. 50	238. 94
绵竹市	2 647	1 719	2 340. 50	302. 05
阿坝州	2 794	1 232	1 972. 17	469. 94
中江县	6 676	4 521	5 805. 83	802. 35

注：数据来源于中国人民银行德阳市支行、乐山市支行和阿坝州支行的统计数据。

表 4.3 中，中江县的助农取款点数量最多，发展较快，时间序列的标准差较大。助农取款点发展不平衡，中江、绵竹的助农取款点平均值高于阿坝州全州的助农取款点数量，但是其标准差低于阿坝州，而且，从各地区的助农取款点的时间序列反映了助农取款点布置逐渐趋于平稳发展。

4.3.3　边远地区、少数民族地区的金融服务能力增强

四川省是我国西部地区重要的省份之一，2018 年地区生产总值突破 4 万亿元①，内部经济发展不平衡，成都市的地区生产总值总量约占全省地区生产总值总量 1/3，人均地区生产总值是绵阳市（四川省人均地区生产总值排名第二）人均地区生产总值的两倍，甘孜藏族自治州（以下简称"甘孜州"）、阿坝州和凉山彝族自治州（以下简称"凉山州"）的人居地区生产总值排名在全省的后半段②；而且，四川省各市（州）的地区生产总值增速显示，成都市 2018 年经济增速高于 10%，而阿坝州和凉山州的经济增速不足 4%③，各市（州）的经济发展差距继续增加，四川省内经济发展不平衡性更加突出。

四川省是一个多民族省份，拥有藏族、彝族和羌族聚居区以及共计 14 个世居少数民族，主要分布在甘孜州、阿坝州和凉山州，少数民族人口有

---

① 数据来源：2018 年国家统计局统计数据。

② 数据来源：《2018 年四川国民经济和社会发展统计公报》。

③ 数据来源：《2018 年四川省统计局的数据公报》。

408.76 万。四川省 2019 年颁布了省委一号文件《关于坚持农业农村优先发展推动实施乡村振兴战略落地落实的意见》①，其核心内容是分布在民族地区的 45 个深度贫困县的脱贫，因此，民族地区的深度贫困是四川省内区域的经济不平衡的特点之一。

四川省经济发展不平衡、民族多元化等决定了农村金融需求多元化。一些少数民族地区汉语普及度低，如果通过传统的网点方式发展普惠金融的成本较高；如果通过信息化的手段发展普惠金融，语言就成了他们获得数字普惠金融的主要障碍。炉霍县每平方千米 8.2 人，即使不考虑成本和商业可持续性，实现银行网点在乡镇全覆盖、机具和助农取款在行政村全覆盖，每个银行网点和助农取款服务点的服务区域分别为 362 平方千米和 33 平方千米。以甘孜州、阿坝州为例，金融机构的网点主要集中在县城，现有机构平均服务面积近 900 平方千米，平均服务人口约 4 900 人②，采用传统的方式实施普惠金融的成本高；而采用信息技术发展普惠金融，甘孜州、阿坝州的文盲率③分别为 30.17% 和 12.39%，则语言成为他们获得金融服务的主要障碍。普惠金融中，金融机构根据用户的实际情况实施金融创新，阿坝州信用社为方便藏族同胞通过 ATM 机获得基本的存款、取款和转账等基本的金融服务，将 ATM 机的语言同时配置了藏语；而且，阿坝州根据该州人员流动频繁的特点，发行了藏羌卡，实现 0 交易成本异地取款；此外，阿坝州对一些在当地具有明显扶贫效应且金融风险小的企业，为其提供低息借贷。

4.3.4 金融服务国家乡村战略的作用巨大

目前，四川省经济发展面临许多战略机遇，"一带一路"倡议、西部大开发、长江经济带和泛珠三角区域合作，都要求发展农村普惠金融，为农村经济的发展提供金融支持。

四川农村电子商务的环境初步形成，京东等电商企业参与到四川农村电子商务，截至 2018 年，四川共建设了 88 个全国电子商务进农村综合示范县，其

---

① 省委省政府印发《关于坚持农业农村优先发展推动实施乡村振兴战略落地落实的意见》[Z]. 2019.

② 巩艳红. 宗教文化与普惠金融发展：以藏区为例 [D]. 北京：中央财经大学，2016：57-67.

③ 注：根据百度百科解释，文盲率是指文盲人口数与相应年龄组全部人口数的比率。我国文盲率的计算公式为：文盲率 = 12 岁（或 15 岁）以上的文盲人数/12 岁（或 15 岁）以上的总人口数×100%。

中多数为贫困县，通过网络新零售，四川农村实现网络零售额 926.22 亿元，综合示范县网络零售为 446.84 亿元，贫困县网络零售为 186.54 亿元①。因此，农村电子商务在执行国家宏观经济战略"乡村振兴"和"精准扶贫"中发挥了重要的作用。

现代农业和农村电子商务离不开农村数字普惠金融的发展。中国农业银行、中国邮政储蓄银行等金融科技渠道向农村提供支付、信贷等农产品供应链的金融服务，提高农村资金流动效率，培养农户的金融基本素养，帮助农户通过金融科技的渠道获得金融服务，促进数字普惠金融的发展。

四川省整体信息化水平在全国排名第 9②，数字化经济的发展促进了金融生态系统的形成，金融生态与数字化经济相互促进发展。在金融生态环境下，行业间的信息共享减少了农村金融中信息不对称问题，优化了金融生态环境，促进金融进一步数字化。在金融生态系统中，数字金融在降低金融交易成本、降低金融风险等方面都具有积极的作用，在《G20 数字普惠金融高级原则》这一纲领性文件的指导下，数字普惠金融将进一步增强农村金融的服务能力。

4.3.5 农村支付体系得到显著提升

首先，大力发展支付工具和支付系统。截至 2017 年年底，四川金融 IC 卡累计发放 2.04 亿张，实现流程优化的终端 92.2 万台；2017 年 6 月末，发放多种 SD 卡、SIM 卡等支持的移动金融 IC 卡 86.4 万张。支付工具和支付系统的改善，提高了农村普惠金融的支付能力，实现了更广泛的资金流动，发展了农村普惠金融。

其次，四川省的信用体系不断完善。截至 2017 年年末，全省小微企业注册使用征信 69.39 万户，农户 1 335 万户，评定信用农户 1 084 万户，信用村 1.58 万个，信用乡镇 1 247 万个，促进普惠金融向建档用户政策倾斜。信用体系的增强有利于金融机构更快、更准确地评估农户的金融风险，提高农户信贷的效率。在支付系统的作用下，快速配置农村金融资源，将资金及时流动到农业生产。

再次，四川省积极探索金融创新，参照电子商务平台的结构体系，建立"农贷通"平台，促进金融机构和农户借贷信息的共享，减少信息不对称问题，提高农户、小微企业的信贷效率。

---

① 数据来源：2018 年四川省农村电商快速发展 [EB/OL].（2019-01-24）[2021-05-07]. http://www.sc.gov.cn/10462/10464/10465/10574/2019/1/24/a027ed217c6a4d8b88e55d2610e71703.shtml.

② 数据来源：《数字中国建设发展报告（2017 年）》。

最后，农村金融通过各方面创新，促进了农村普惠金融"支农支小"，增强了农村普惠金融适应农村金融需求的能力。

4.3.6 四川 DCEP 首先试点农产品交易

2019 年年底，四川省成为 DCEP 的首批试点城市之一。四川雨润国际农产品交易中心是四川重要的 DCEP 试点场景，它是四川五个百亿级农产品批发市场之一，主要经营蔬菜、水果、干杂副食和粮油四大品类产品，日常业务覆盖全国，供应链延伸至东南亚、欧洲，交易中心年现金交易额达 160 亿元。

在"政府+人行"联合推动下，通过中国工商银行、中国农业银行、中国银行和中国建设银行四大试点银行进行 DCEP 流通管理，沿着农产品产业链推动 DCEP 使用，将上游的 DCEP 使用推向田间地头，下游的 DCEP 使用推向食堂等终端消费者，由此促进 DCEP 的闭环使用。截至 2020 年 9 月 20 日，仅中国建设银行彭州支行已下载个人电子钱包 867 户，对公电子钱包下载 283 户，交易笔数 9 778 笔，金额达 1 000 万元。

DCEP 在农产品交易中心的顺利试点，表明四川省农村普惠金融对金融科技接受程度高；同时，DCEP 适用于农村普惠金融替代现金完成农产品交易。通过 DCEP 的使用，原先在农产品交易中使用现金支付的农户转变为使用 DCEP 支付的农户，他们通过 DCEP 的使用获得金融服务，参与金融并在此过程中提高金融素养，增强获得更多金融服务的能力，从而推动农村普惠金融的发展。

4.4 四川省农村普惠金融及金融科技水平综合评价

4.4.1 普惠金融总体发展情况

四川省农村信用社（以下简称"农信社"）是四川省农村主要的金融机构，以四川省农信社的涉农贷款为例，2012—2017 年四川省农信社的涉农贷款对经济增长的影响如表 4.4 所示。

表 4.4　2012—2017 年四川省涉农贷款对经济增长的影响　单位：亿元

年份	2012	2013	2014	2015	2016	2017
涉农贷款(四川省农信社)	3 283.8	3 874.4	4 552.1	5 036.9	5 424.9	—
第一产业增加值	3 245.9	3 368.7	3 531.1	3 677.3	3 924.1	4 282.8

注：表 4.4 中数据来源于地方统计年鉴、四川省农业农村经济基本情况的报告。

表 4.4 中，随着四川省涉农信贷额的增加，第一产业增加值也在逐步增加。涉农信贷作为农村普惠金融的内容之一，而第一产业增加值作为 GDP 的一部分，因此，涉农信贷和第一产业增加值的同向变化，在一定程度上反映了四川农村普惠金融发展对经济发展的成效。

普惠金融发展成效还表现在人们通过金融服务对可支配的收入和消费支出、存款/贷款的增长等方面的影响。2012—2017 年，四川省农村的人均可支配收入由 7 001 元增加到 12 227 元，农村人均消费支出由 5 366.7 元增加到 11 397 元，农村居民的恩格尔系数由 46.2% 下降到 37.2%，这也在一定的程度上反映了四川省农村普惠金融的成效显著。

4.4.2 德阳市等地的普惠金融指数（RIFI）

本节进一步以德阳市、乐山市和阿坝州为例，研究四川省的农村普惠金融的发展。根据 4.1.2 中普惠金融的计算过程，得到四川省农村普惠金融各指标的权重如表 4.5 所示。

表 4.5　四川省农村普惠金融指标及权重

指标类型	名称	权重	名称	权重	名称	权重
一级指标	金融服务广度	0.55	金融服务深度	0.20	金融服务的有效性	0.25
二级指标	平均每万人拥有网点数量	0.04	人均结算账户数	0.21	农村人均消费收入比率	0.51
	人均网上银行数	0.25	人均涉农贷款金额	0.27		
	人均手机银行数	0.25	农户贷款所占比例	0.24	贷款率（贷款/第一产业增量）	0.49
	人均电话银行数	0.30	人均农户贷款金额	0.28		
	平均每万人助农取款终端	0.16				

注：该指标权重根据四川省（德阳市、乐山市和阿坝州）2012—2017 年相关指标度数据计算得出。

假设普惠金融的一级指标权重为 rw_i（$i = 1, \cdots, 3$），二级指标权重为 rw_{ij}，则，$\sum_i rw_i = 1$，$\sum_j rw_{ij} = 1$。二级指标实际权重为：$rw_{ij}^* = rw_i * rw_{ij}$。根据该指标权重，各地普惠金融指数采用公式 $RIFI = 1 - \dfrac{\sqrt{\sum_j w_j^2 (1 - RIFI_j)^2}}{\sqrt{\sum_j w_j^2}}$ 计算，得到四川省德阳市和乐山市各区（县）、阿坝州的 2012—2017 年的普惠金融综合指数（见附表一），其农村普惠金融指数特征如表 4.6 所示。

表 4.6 德阳市、乐山市各区（县）和阿坝州农村普惠金融指数特征

地区	最大值	最小值	平均值	标准差
峨边彝族自治县	0.15	0.09	0.12	0.02
峨眉山市	0.16	0.12	0.13	0.01
夹江县	0.19	0.08	0.15	0.04
犍为县	0.17	0.06	0.13	0.05
井研县	0.11	0.09	0.10	0.01
马边彝族自治县	0.08	0.05	0.07	0.01
沐川县	0.10	0.06	0.08	0.01
广汉市	0.47	0.16	0.33	0.12
罗江县	0.54	0.16	0.31	0.13
绵竹市	0.58	0.22	0.47	0.12
什邡市	0.41	0.21	0.32	0.06
中江县	0.25	0.11	0.18	0.05
阿坝州	0.20	0.14	0.17	0.02

注：表 4.6 中数据根据 4.1.2 的研究方法计算，所涉及的数据来源于政府公报、统计年鉴和中国人民银行德阳市支行的统计数据。

根据四川德阳等地的普惠金融指数，各地的普惠金融总体在上不断发展，表现在银行网点、助农取款点和手机银行、电话银行和移动银行等数量增加，结算账户增多，人们获得存贷款增加，通过贷款促进居民收入和第一产业更快增长。对 2017 年德阳等地的普惠金融指数从空间上进行分析，如图 4.3 所示。

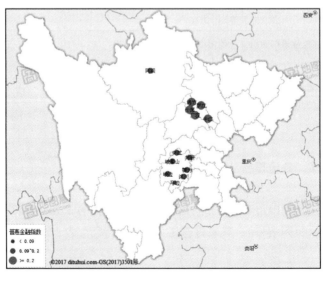

图 4.3 2017 年德阳、乐山各区（县）和阿坝州的农村普惠金融指数

图 4.3 表明，对德阳市等地的普惠金融指数进行分析，四川的普惠金融存在明显的区域效应，德阳市的区（县）位于同一区，乐山市除马边彝族自治县以外属于同一区域，区域效应表明四川的普惠金融存在地区差异性。

4.4.3 德阳市等地的金融科技指数（RFHI）

金融科技是普惠金融发展的重要渠道。本节进一步以德阳市、乐山市和阿坝州为例，研究四川省的金融科技的发展。根据 4.1.2 中金融科技的计算过程，得到四川省德阳市、乐山市和阿坝州金融科技各指标的权重，如表 4.7 所示。

表 4.7　四川省德阳市、乐山市和阿坝州的金融科技指标及权重

指标序号	一级指标及权重	二级指标及权重
1	支付清算基础设施（0.41）	行内系统接入情况（0.45），大小额支付系统接入情况（0.37），支票影像系统接入情况（0.18）
2	非现金支付工具（0.22）	银行汇票（0.01），银行本票（0.01），支票（0.04），银行承兑汇票（0.01），商业承兑汇票（0.01），POS 交易（0.20），ATM 存现（0.08），ATM 转账（0.08），ATM 取现（0.11），银行卡柜台转账（0.04），银行卡柜台存现（0.06），银行卡柜台取现（0.06），网上银行（0.06），手机银行（0.07），电话银行（0.16）
3	银行卡受理市场（0.37）	借记卡数（0.10），信用卡（0.14），特约商户（0.13），ATM（0.12），其他设备接入数量（0.26），POS（0.16），电话 POS（0.09）

注：该指标权重根据 2012—2017 年四川省（德阳市、乐山市和阿坝州）相关指标数据计算得出。

假设金融科技应用的一级指标权重为 tw_i（$i=1$，$\cdots$，3），二级指标权重为 tw_{ij}，则 $\sum_i tw_i = 1$，$\sum_j tw_{ij} = 1$；二级指标实际权重为 $tw_{ij}^* = tw_i * tw_{ij}$。根据该指标权重，各地金融科技应用水平采用公式 $C_i = \sum_{j=1}^n r_{ij} * w_j (i=1,\cdots,m)$ 计算，r_{ij} 是对应数据归一化后的结果。通过计算，得到 2012—2017 年四川省德阳市、乐山市各区（县）、阿坝州的金融科技应用得分（见附表二），其数据特征如表 4.8 所示。

表4.8　德阳市、乐山市各区（县）和阿坝州金融科技数据特征

地区	最大值	最小值	平均值	标准差	地区	最大值	最小值	平均值	标准差
峨边彝族自治县	0.62	0.27	0.43	0.11	广汉市	2.21	1.60	1.99	0.21
峨眉山市	2.42	1.09	1.74	0.50	罗江县	0.72	0.51	0.66	0.07
夹江县	2.03	0.70	1.31	0.49	绵竹市	1.85	1.00	1.46	0.35
犍为县	1.67	0.59	1.13	0.41	什邡市	2.31	1.09	1.45	0.45
井研县	0.94	0.50	0.69	0.16	中江县	2.29	1.47	1.96	0.27
马边彝族自治县	0.49	0.17	0.33	0.10	阿坝州	5.26	2.01	3.13	1.19
沐川县	0.60	0.27	0.39	0.12					

注：表4.8中数据根据4.1.2的研究方法计算，所涉及的数据来源于政府公报等统计数据。

　　四川德阳市等地区（县）的金融科技综合水平得分显示，各地金融科技水平总体上在逐年提高，其金融科技与农村普惠金融的关系如图4.4所示。

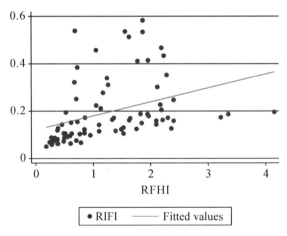

**图4.4　德阳市、乐山市各区（县）和阿坝州的金融科技（RFHI）
与农村普惠金融（RIFI）的关系**

　　图4.4显示在四川省德阳等地的区（县）中，金融科技应用促进了普惠金融的发展，金融科技对农村普惠金融的作用系数小于1，受经济等其他因素的影响，各地区的金融科技作用于农村普惠金融的效应具有一定的差异。

4.5　小结

为了对农村普惠金融的特征进行分析，本章介绍了用于分析农村普惠金融特征的数据来源和研究方法，沿着我国农村普惠金融特征→四川农村普惠金融特征→德阳市等样本地区的普惠金融特征的路径进行分析，为进一步研究金融科技促进农村普惠金融的影响效应提供了依据。

我国一直高度重视普惠金融，2018 年中央一号文件明确普惠金融的重点在农村，促进了我国农村普惠金融的快速发展。其具有显著的特征如下：

（1）农村普惠金融供给多层次、金融供给主体多元化、金融服务供给多样化以及金融供给广覆盖的"三多一广"的特征，促进"所有人"拥有获得金融服务的权利；

（2）我国农村普惠金融在应对"高成本""高风险"的农村金融过程中，以科技驱动创新，减少农村普惠金融中的信息不对称问题，降低农村普惠金融的成本；

（3）受经济等自然因素的影响，我国农村普惠金融发展不平衡，区域性特点显著。

四川在发展农村普惠金融的过程中，具有以下五个特征：

（1）农村普惠金融体系日趋完善；

（2）农村金融基础设施快速发展；

（3）边远地区、少数民族地区的金融服务能力得到增强；

（4）金融服务国家乡村振兴战略的作用巨大；

（5）农村支付体系得到显著提升。

本书还试图综合评价样本市（州）的农村普惠金融水平，根据金融服务广度、金融服务深度和金融服务有效性三个维度计算普惠金融水平。根据金融基础设施、非现金支付工具和银行卡受理市场三个维度衡量金融科技应用水平。研究德阳市、乐山市各区（县）和阿坝州的普惠金融水平和金融科技水平发现，2012—2017 年的普惠金融平均水平显示，德阳市绵竹市的普惠金融水平最高为 0.47，乐山马边彝族自治县的最低为 0.07；而金融科技应用水平以德阳市广汉市最高，为 1.99，而乐山市的马边彝族自治县最低只有 0.33。总体而言，农村普惠金融综合指数总体上逐年提高，金融科技应用与农村普惠金融有显著的正相关关系。

5 金融科技促进农村普惠金融发展的实证分析

根据前面的研究，金融科技的应用在理论和实践中均对普惠金融有重要的影响。为进一步研究金融科技对农村普惠金融的影响效应，本章用四川省的金融科技和普惠金融的数据，对金融科技作用于普惠金融的影响效应进行计量分析。

金融科技对普惠金融的影响效应是多方面的，金融科技的各种因素对农村普惠金融都具有重要的影响，如支付清算设施、非现金支付工具使用、银行卡受理环境等，从而影响普惠金融的广度、深度和有效性。

本章主要从三个方面对金融科技对普惠金融的影响效应进行计量分析，分别为：金融科技应用对农村普惠金融整体水平的影响效应、金融科技应用对农村普惠金融结算账户的影响效应和金融科技应用对农村普惠金融农户信贷的影响效应。

5.1 数据与方法

数据与方法参照4.1处理。根据四川省的经济发展情况和数据的可得性，本研究主要选择分别位于四川省经济发展水平二、三、四梯度的德阳市、乐山市和阿坝州作为样本，通过其2012—2017年的普惠金融、金融科技和经济等数据进行研究。其中，金融科技和普惠金融采用4.4研究四川普惠金融特征中计算得到的数据，银行卡等其他数据采用中国人民银行德阳（乐山、阿坝州）支行的金融科技运行数据和2012—2018年的农村金融运行报告、支付体系运行报告、政府运行报告等公开数据；经济、人口等指标数据主要采用中国统计年鉴和四川统计年鉴的数据，其中人口数据主要用于计算人均银行卡、人均贷款以及人均GDP等。

5.2 研究假设与变量选择

5.2.1 研究假设

根据 3.2 关于金融科技作用普惠金融的经济学分析、3.3 关于金融科技作用于普惠金融的机理分析，金融科技应用从多个方面促进农村普惠金融的发展。表现为：在金融科技应用于农村普惠金融中，通过金融科技中的网络实现了金融服务在地域上的全面覆盖；通过运用金融科技提升软件服务的性能降低金融服务对用户信息素养的要求，实现金融服务在信息素养方面的全覆盖；通过金融科技中的大数据驱动的金融风险评价最大化满足农户的小额信贷需求，提供无抵押、免息的小额循环消费贷款，降低用户获得信贷的门槛，帮助用户积累信用。

此外，金融科技应用于普惠金融还表现为：金融科技应用促进银行业金融机构参与支付，通过电子支付推动了普惠金融的发展，它通过 ATM 机、POS 机以及助农取款工程延伸了金融服务的网络，在存款和取款方面发展了普惠金融；通过移动银行、移动金融让用户拥有根据自己需求定制的随身携带的银行；通过支付网络为农户构建新的社会网络，根据资金流动信息进行风险评估，形成了用户的信用评价体系，在大数据决策下进行实时的信用评测和及时放贷，金融科技应用在"贷款"方面发展了普惠金融；由于金融科技环境下是根据用户长期的金融行为数据进行金融决策的，农村金融参与者进行逆向选择或道德风险需要付出较高的成本，由此降低了农村金融的风险。

由于金融科技应用水平和普惠金融水平均为综合指数，在研究金融科技作用于普惠金融的影响效应时，根据研究需要提出如下理论假设：

H1：金融科技应用对普惠金融有积极影响，表现在经济的作用下，金融科技综合水平及其子项：金融设施、银行卡受理、非现金交易和人均拥有的银行卡等方面促进农村普惠金融发展。

H2：金融科技应用对结算账户的增长有积极影响，表现在经济的作用下，金融科技综合水平及其子项：金融设施和银行卡受理等方面提高农户对结算账户的需求，依靠结算账户，金融机构根据用户的特点为用户定制金融服务，而农户则可以获得更广泛的普惠金融服务。

H3：金融科技应用对农户信贷有积极影响，表现在经济的作用下，金融科技综合水平及其子项：金融设施、银行卡受理、非现金交易和人均拥有银行卡等方面提高农户获得的贷款量。一方面，金融科技促进农户参与金融服务，使其获得金融服务的能力增强；另一方面，资金流信息的积累减少了农村金融中农户与金融机构的信息不对称问题，帮助农户获得信贷，使农户信贷规模增长。

根据上述理论假设，金融科技对普惠金融影响的理论模型如图 5.1 所示。

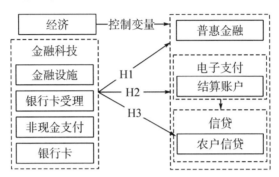

图 5.1　金融科技对普惠金融影响的理论模型

图 5.1 中，以经济作为控制变量研究金融科技对普惠金融的影响效应，其中金融科技包括金融科技综合水平、金融设施水平、银行卡受理水平、非现金支付水平以及人均银行卡持有量，将它们分别作为解释变量，研究其对普惠金融的影响效应。而普惠金融包括：普惠金融的综合水平的影响、支付可得性（人均结算账户数量）和信贷可得性（人均贷款余额）的影响等。

5.2.2　变量选择与定义

前面已经对普惠金融和金融科技进行了综合评价，在因变量选择方面，根据前面的研究，本研究选择普惠金融的综合评价这一指标反映普惠金融的总体水平，选择人均结算账户数量反映农村普惠金融的市场潜力，选择人均农户信贷余额反映农村普惠金融一直关注的信贷问题。

在自变量选择方面，本研究将金融科技综合水平作为普惠金融的解释变量，经济作为普惠金融的控制变量；受限于数据样本量并为了防止自变量的共线性等问题，将人口等因素进行预处理，消除人口的影响，在普惠金融中采用人均结算账户数、人均农户贷款余额等进行综合计算；在金融科技应用中，采用人均银行卡、人均非现金交易等进行综合计算；在控制变量中，采用人均GDP 进行计算。

为进一步研究金融科技，将金融科技根据中国人民银行统计指标的三个子项分别作为解释变量，研究金融设施、银行卡受理和非现金交易对普惠金融、结算账户数和农户信贷等方面的贡献；银行卡作为重要的支付工具之一，特别是金融 IC 卡作为金融科技应用重要的成果之一，在其作用下推动了农村金融向数字普惠金融发展，因此，将银行卡数量作为解释变量，研究其对普惠金融、结算账户增长和信贷规模增长等方面的贡献。

实际应用中，核心解释变量对被解释变量的贡献除直接贡献之外，还同其他变量一起共同作用于被解释变量，如金融科技在农村电子商务中对农村普惠金融的发展。因此，研究中将核心解释变量和控制变量的交互项一并作为解释变量；当研究普惠金融的地区空间差异性时，引入地区虚拟变量 Ddy 等用于研究地区之间的空间差异性，德阳市的 Ddy = 1 表示同属于德阳市的相邻区县，其他地区 Ddy = 0，该虚拟变量仅在研究普惠金融的地区空间差异性时使用；引入表示经济类型的虚拟变量 Dab 研究模型的稳健性，阿坝州的 Dab = 1，其他地区为 0；在研究中引入时间虚拟变量用于控制面板数据模型中的时间效应，stata15 使用 i.year 表示时间虚拟变量集，包含虚拟变量 D2013~D2017，而 D2012 由于考虑到模型共线性问题由 D2013~D2017 表示，D2013~D2017 的虚拟变量取值参照时间虚拟变量的赋值规则由 stata15 系统内部赋值为 0 或 1。

5.2.3 变量的描述性统计

综合上述的分析，金融科技对普惠金融影响效应的变量选择、变量的名称、具体含义、变量的描述性分析和预期影响如表 5.1 所示。

表 5.1 金融科技对普惠金融影响效应的各变量含义

变量类型	变量符号	变量名称及含义	均值	标准差	最小值	最大值	方向预判
被解释变量	RIFI	农村普惠金融综合指数	0.20	0.14	0.05	0.58	
	Y1	人均结算账户数/个	2.92	1.16	0.88	5.52	
	Y2	人均农户信贷余额/万元	0.79	0.36	0.24	1.66	
解释变量	RFHI	金融科技综合指数	1.28	0.83	0.18	4.15	+
	X1	人均银行卡数/张	2.21	0.85	0.73	4.20	+
	X2	清算设施水平	1.28	1.07	0.17	6.27	+
	X3	银行卡受理水平	1.28	0.74	0.38	3.13	+
	X4	非现金交易水平	1.22	0.92	0.08	3.50	+
	Rfhi * z1	金融科技水平和人均 GDP 的交互项	4.93	3.86	0.26	13.99	−
	X1 * z1	人均银行卡数量和人均 GDP 的交互项	8.57	6.04	1.05	26.86	−
	X2 * z1	清算设施水平和人均 GDP 的交互项	4.84	4.12	0.24	20.22	−

表5.1(续)

变量类型	变量符号	变量名称及含义	均值	标准差	最小值	最大值	方向预判
解释变量	X3 * z1	银行卡受理水平和人均GDP的交互项	4.66	2.97	0.55	12.07	-
	X4 * z1	非现金交易和人均GDP的交互项	4.94	4.90	0.12	20.37	-
	Ddy	地区虚拟变量	0.38	0.49	0	1	+
	Dab	经济虚拟变量	0.08	0.27	0	1	+
控制变量	Z1	人均GDP/万元	3.49	1.26	1.44	6.40	+

注：虚拟变量 Ddy，德阳市＝1，乐山、阿坝＝0，该变量仅用于分析地区差异性时使用；虚拟变量 Dab，阿坝州＝1，德阳、乐山＝0，该变量仅在分析模型的稳健性时采用。

在表 5.1 中，普惠金融指数、金融科技应用综合指数以及清算设施、银行卡受理和非现金交易水平均为综合指数，人均银行卡数量、人均结算账户数量、人均农户信贷余额和人均 GDP 均为实际值。

通过变量的描述性分析，得到四川三个样本市（州）的人均结算账户为2.92 个，人均银行卡持有量为 2.21 张。首先，人均结算账户数量反映了一个地区的个人和单位在支付方面的金融使用情况，人均银行卡持有量则反映了一个地区的农户在支付工具方面的金融使用情况。由于存折结算账户和存折非结算账户的使用，人均结算账户和人均银行卡并不总是一致的。其次，四川的人均农户贷款余额为 0.79 万元，农户是普惠金融的重点对象，该指标在一定程度上反映了普惠金融中人们获得信贷服务的情况。最后，在所有样本地区，作为少数民族地区的马边彝族自治县（以下简称"马边县"）不同于峨边彝族自治县（以下简称"峨边县"）或阿坝州整体的情况，在普惠金融的广度、深度和有效性等方面，马边县的普惠金融水平较低，金融科技应用水平也很低，农村普惠金融市场有待进一步发展。

5.2.4　变量的平稳性检验

面板数据结合时间序列数据和截面数据的特点，为防止其平稳性引发的伪回归的问题，本研究参照王昕宇等（2018）在面板数据处理中的单位根检验方法，通过 stata15 分析得到普惠金融综合指数与金融科技的各子项的平稳性，如表 5.2 所示。

表 5.2　普惠金融综合指数与金融科技的各子项的平稳性检验

变量	变量名称	LLC	IPS	Fisher-PP	结论
RIFI	农村普惠金融综合指数	-9.84***	-6.39***	平稳	平稳
Y1	结算账户数	-45.9***	-23.8***	平稳	平稳
Y2	人均农户信贷	0.63	6.02	不平稳	不平稳
Y2(1)	Y2 一阶滞后项	-13.72***	-3.62***	平稳	平稳
RFHI	金融科技综合指数	1.65	4.66	不平稳	不平稳
RFHI(1)	RFHI 一阶滞后项	-14.01***	-4.29***	不平稳	平稳
X1	银行卡数	-3.66***	-0.46	平稳	平稳
X2	清算设施	-6.44***	-10.86***	平稳	平稳
X3	银行卡受理	1.67	-1.45	不平稳	不平稳
X3(1)	X3 一阶滞后项	-39.79***	-3.37*	平稳	平稳
X4	非现金交易水平	-1.29*	3.99	平稳	平稳
Z1	人均 GDP/万元	-6.19***	-3.32***	平稳	平稳

注：*** 表示统计量在1%概率下通过检验，** 表示统计量在5%概率下通过检验，* 表示统计量在10%下通过检验，其他情况表示统计量未通过检验。

综合 LLC 检验、IPS 检验和 Fisher-PP 检验，如三种检验中一种方法通过检验，则可接受观察变量不存在单位根，时间序列平稳；如果观察变量在所有检验下不平稳，则继续检查一阶差分或二级差分的单位根，直到数据序列平稳。表 5.2 中，所有观察变量或其一阶差分均通过 LLC、IPS 或 Fisher-PP 检验三个检验中的一种。

根据变量平稳性检验的结果，继续用 Kao 检验变量之间的协整，得到被解释变量 *Rifi*、*y*1 和 *y*2 分别与解释变量 *rfhi*、*x*1、*x*2、*x*3、*x*4，控制变量 *z*1 和它们的交互项之间，存在协整关系①，因此，被解释变量与解释变量之间的关系具有长期稳定性。

---

① Kao（1999）建议 T = 100，N = 300；Pedroni（2004）建议 T = 250，N = 60；而 Westerlund（2005）则建议 T >150，此处样本 T=6，N=13，作为短面板数据，Kao 检验中全部或部分通过检验，认为存在协整关系。

5.3 金融科技促进农村普惠金融的计量分析

根据理论假设，金融科技应用对农村普惠金融的影响效应从三个方面进行计量分析，分别为：金融科技及各子项应用对农村普惠金融整体水平的影响，金融科技及各子项应用对结算账户的影响和金融科技各子项应用对农户信贷的影响。

5.3.1 金融科技对农村普惠金融整体水平影响的计量分析

5.3.1.1 模型设定

本研究参照张正平（2017）研究普惠金融的实证分析模型，建立如下模型分析金融科技对普惠金融的影响效应：

$$Y = \alpha_0 + \beta * X + \beta' * Z + \beta'' * X * Z + \gamma_i + u_t + v_{it} \qquad (5.1)$$

根据模型 5-1，本研究的第一个假设（H1）的模型定义如下：

$$RIFI_{it} = \alpha_0 + \beta * x_{it} + \beta' * z_{it} + \beta'' * x_{it} * z_{it} + \gamma_i + u_t + v_{it} \qquad (5.2)$$

上述模型中，α_0 为常数项，被解释变量为 RIFI（普惠金融综合指数），解释变量 rfhi，x1，x2，x3 和 x4 分别作为 x_{it}，控制变量 z1 作为 z_{it}，核心解释变量与其他影响因素的交互项为 rfhi * z1，将 x1 * z1，x2 * z1，x3 * z1，x4 * z1 分别代入 $x_{it} * z_{it}$，t = （2012, 2017）表示时间序列的年度，β、β' 和 β'' 分别为解释变量、控制变量和交互项的系数，γ_i 和 u_t 分别为模型在截面上和时间上的固定效应或随机效应，v_{it} 为模型随机误差项，且服从独立同分布。

此外，在模型中，为更准确地描述金融科技对农村普惠金融的影响效应，本研究在分析的过程中加入控制时间效应的虚拟变量 i. year，在分析地区的空间差异性时加入地区虚拟变量 Ddy，在分析模型的稳健性时加入经济类型的虚拟变量 Dab。

5.3.1.2 全样本下模型的估计及其分析

为分析金融科技对农村普惠金融的影响，根据式（5.2），参照杜兴洋等（2018）研究信息通信技术对普惠金融影响的研究方法，将金融科技、银行卡及金融科技子维度分别对普惠金融逐一进行回归，参照粟勤和肖晶（2015）的方法，在模型中引入控制时间效应的变量，分别对应模型（1）~模型（5）。经过模型（1）~模型（5）的初步计算和比较，模型（1）~模型（4）采用 GLS 估计，模型（5）采用固定效应的模型估计，通过 stata15 对模型进行计算，其结果如表5.3所示。

表5.3　金融科技对农村普惠金融的影响效应分析（被解释变量为 RIFI）

解释变量	模型(1)-GLS	模型(2)-GLS	模型(3)-GLS	模型(4)-GLS	模型(5)-FE
Z1	0.11*** (5.51)	0.02** (2.10)	0.08*** (8.8)	0.11*** (4.48)	0.27*** (7.62)
RFHI	0.08* (1.93)				
X1		0.11*** (6.52)			
X2			0.02* (1.77)		
X3				0.08* (1.73)	
X4					0.05* (1.61)
RFHI * Z1	−0.02** (−1.97)				
X3 * Z1				−0.03 (−1.50)	
X4 * Z1					−0.02*** (2.65)
2013	0.02	−0.30	0.49	0.02	−0.03
2014	0.04	−0.50	1.00	0.04	−0.04
2015	0.03	−1.33	0.80	0.03	−0.09
2016	0.03	−1.28	0.54	0.03	−0.13
2017	0.04	−1.22	0.68	0.03	−0.18
_ cons	−0.20	−4.10	−3.17	−0.21	−0.64

注：*** 表示统计量在1%水平上显著，** 表示统计量在5%水平上显著，* 表示统计量在10%水平上显著，其他情况表示不显著，括号内表示该系数为 t 统计量，常数项和时间效应不作显著性分析。

模型（1）表明金融科技综合发展和经济均对农村普惠金融具有积极的影响，该结论与理论假设 H1 的预期结果一致。通常情况下，金融科技总体水平提升，为农村普惠金融的发展创造了良好的外部环境，不仅表现在金融服务的更便捷、更高效等金融市场方面，而且，金融科技促进农村金融更有效地配置资源，促进农村经济环境的改善，为农村金融创造更好的金融环境。因此，在农村普惠金融发展的过程中，应加强对金融科技的综合应用。金融科技和经济的交互项对普惠金融的贡献值为负，根据 Cohen（2003）的研究，反映了金融科技和经济在普惠金融发展中的调节效应①，也反映了金融科技和经济在普惠金融发展中相互抑制的问题。在普惠金融发展中，资本逐利的特点，使金融科技应用水平的提高会加速资金的外流，从而抑制普惠金融的发展，该研究与孙英杰和林春（2018）的研究中的结果一致。从金融科技的子项上，银行卡受理市场的发展和非现金交易，同样存在金融科技的应用和经济增长相互抑制的问题，如模型（4）和模型（5）。

模型（2）从银行卡方面，解释了银行卡市场的发展对农村普惠金融的贡献。银行卡作为非现金支付工具，农户通过银行卡的使用一方面强化了农户获得金融服务的意识；另一方面，金融机构参与农户经济活动，加强了金融机构对农村金融知识的宣传。金融机构围绕银行卡所对应的账户进行金融服务创新和服务定制，适应农村金融需求的发展，相比票据等非现金支付工具，银行卡具有更广泛的实用性。因此，提高银行卡持有量，围绕银行卡提供更便捷的金融服务，有助于发展农村普惠金融。经济的发展使经济活动更加频繁，需要更快捷的资金流和更高效的金融资源配置，通过银行卡促进了普惠金融的发展。

模型（3）~模型（5）从金融科技的子项，逐个解释了金融科技对农村普惠金融的贡献。模型（3）从资金清算方面的基础金融设施，分析了基础金融设施的发展对普惠金融发展的贡献。基础金融设施的增强，有助于提高农村金融机构的资金清算和结算能力，真正促进农村资金的融通。随着国家宏观经济政策的实施，农村经济要求突破传统的地域限制，农村金融设施的增强，适应了农村经济发展对资金流动和更广泛的金融资源配置要求，促进了农村普惠金融的发展。模型（4）从银行卡受理市场方面，解释了银行卡受理市场的发展对农村普惠金融发展的贡献。相对于银行卡，银行卡受理真正为用户提供了金融服务，因此，银行卡受理市场的发展促进了农村普惠金融的发展，从金融科技的三个子项观察，银行卡受理市场的发展对农村普惠金融的贡献最大。同金融科技总体水平促进普惠金融的发展一样，银行卡受理市场的发展为农村金融构建了更便捷的资金流动渠道，资本逐利的特点加速了资金外流，因此，在普惠金融发展的过程中，银行卡受理市场的发展与经济的发展相互抑制，需要

---

① 两个解释变量的系数为正，交互效应系数为负，Cohen（2003）认为这是三种调节类型中的一种，Cohen 将其定义为"Antagonistic/Compensatory/Off-setting"，资料来源：COHEN J, COHEN P, WEST S G, et al. Applied multipleregression/correlation analysis for the behavioral sciences. Mahwah, NJ: Lawrence Erlbaum, 2003.

进一步制定有效的政策和制度保障，才能使银行卡受理市场的发展同经济发展一致，共同促进农村普惠金融的发展。模型（5）从非现金交易市场方面，解释了金融科技促进了普惠金融的发展；同模型（1）和模型（4），非现金交易市场本身的发展能有效促进普惠金融的发展，但是在经济的作用下，非现金交易也会加重资金外流，使非现金市场的发展同经济的发展相互抑制，非现金交易和经济共同作用的结果抑制了市场的发展。

通过模型（1）~模型（5），将金融科技及各子项、银行卡作为农村普惠金融发展重要的影响因素：一方面，金融科技各子项和经济对普惠金融都具有正向的影响，表明金融科技促进农村普惠金融的发展具有稳定性；另一方面，金融科技对农村普惠金融的影响弱于经济对农村普惠金融的影响，当金融科技应用和经济的发展不协调时，金融科技应用和经济的发展相互抑制。因此，在发展农村普惠金融的过程中，应重视金融科技的应用以及金融科技和经济的协调发展。

5.3.1.3 金融科技对农村普惠金融影响的地区差异性

为进一步分析金融科技对农村普惠金融影响的地区差异性，以德阳为例（此方法同样适用以乐山市为例分析金融科技对普惠金融的地区差异性，阿坝州在样本中被作为一个整体，不分析其地区差异性），在样本数据中引入用于表示区域的虚拟变量Ddy，用于表示区县之间具有临近关系组成的德阳市。张正平和杨丹丹（2017）在研究中采用子样本的方式研究普惠金融影响因素的稳健性。但是在计量经济学中，子样本和全样本的样本量不同，计量分析的结果不具有可比性，因此，本研究在分区研究金融科技对农村普惠金融影响的地区差异性时，仍采用全样本进行模型估计。

以德阳市为例，在模型（1）~模型（5）中，分别加入表示德阳同一区域的虚拟变量Ddy，金融科技对农村普惠金融的地区差异性分析结果如表5.4所示。

表 5.4 金融科技对农村普惠金融影响的地区差异性分析

（因变量为普惠金融综合指数）

解释变量	模型（1）-GLS	模型（2）-GLS	模型（3）-GLS	模型（4）-GLS	模型（5）-GLS
Ddy	0.139 ***	0.097 ***	0.141 ***	0.141 ***	0.131 ***
t 统计量	(6.84)	(−0.16)	(6.89)	(6.92)	(6.22)

注：***、** 和 * 分别表示在1%、5%和10%的概率下通过检验，括号内表示该系数t统计量。

在表5.4中，模型（5）考察地区差异性时由于加入了表示区域的虚拟变量，该模型改用GLS估计。表5.4的结果显示，将德阳市的各区（县）作为临近区县，德阳市的虚拟变量的系数均显著地不为 0，表示金融科技应用对农村普惠金融总体水平的影响存在显著的地区差异性，德阳市与乐山市和阿坝州的金融科技对普惠金融的影响效应明显不同。

5.3.1.4　金融科技应用对农村普惠金融影响效应的稳健性分析

在普惠金融的影响因素中，金融科技和经济都是影响普惠金融的重要因素。相比德阳市和乐山市，阿坝州的经济水平较低，人均 GDP 低、GDP 增速慢，在经济、技术以及经济和技术的交互作用下，在样本中引入虚拟变量 Dab 将样本分为阿坝州地区和非阿坝州地区，以代表四川省的两类经济地区，通过加入虚拟变量后，比较核心解释变量的系数变化，判断金融科技对农村普惠金融影响效应的稳健性。

经计算，在模型（1）~模型（5）中，分别加入 Dab 用于表示阿坝州虚拟变量后，模型（1）~模型（4）中虚拟变量 Dab 均不显著，表示经济类别对普惠金融的作用效应总体上不具有差异，体现了金融科技跨越时空的资源配置特性。模型（5）的虚拟变量的系数显著不为 0，表示非现金交易水平对金融科技的影响与地方经济有关，事实上，模型（5）在未加入虚拟变量之前采用固定效应的面板模型，也表明非现金交易量对农村普惠金融的影响与地区经济相关。

在加入虚拟变量 Dab 表示经济不同水平的虚拟变量后，其解释变量的系数的估计结果与加入虚拟变量前基本一致，即金融科技及各子项对普惠金融仍具有积极的作用，因此，金融科技对农村普惠金融的影响效应具有稳健性。

5.3.2　金融科技提升结算能力的计量分析

5.3.2.1　模型的设定

本研究参照式 5.1，研究的第二个假设（H2）的模型定义如下：

$$y1_{it} = \alpha_0 + \beta * x_{it} + \beta' * z_{it} + \beta'' * x_{it} * z_{it} + \gamma_i + u_t + v_{it} \qquad (5.3)$$

上述模型中，α_0 为常数项，被解释变量为 y1（人均结算账户数），解释变量 rfhi，x2 和 x3 分别作为 x_{it}，控制变量 z1 作为 z_{it}，核心解释变量与其他影响因素的交互项为 rfhi * z1，将 x2 * z1 和 x3 * z1 分别带入 $x_{it} * z_{it}$，t =（2012，2017）表示时间序列的年度，β、β' 和 β'' 分别为解释变量、控制变量和交互项的系数，γ_i、u_t 和 v_{it} 分别为模型在截面上和时间上的固定效应或随机效应，v_{it} 为模型随机误差项，且服从独立同分布。

此外，在模型中，为更准确地描述金融科技对结算账户的影响效应，报告在分析的过程中加入控制时间效应的虚拟变量 i.year，在分析地区的空间差异性时加入地区虚拟变量 Ddy，在分析模型的稳健性时加入经济类型的虚拟变量 Dab。

5.3.2.2 全样本下模型的估计及其分析

为分析金融科技对结算账户数的影响，根据式（5.3），参照杜兴洋等（2018）研究信息通信技术对农村普惠金融影响的研究方法，将金融科技、银行卡及金融科技子维度分别对普惠金融逐一进行回归，引入控制时间效应的变量，其对应模型分别为模型（6）~模型（8），通过模型的初步计算和 Hausman 检验，模型（6）~模型（8）选择采用固定效应的模型估计。通过 stata15 对模型进行计算，其结果如表 5.5 所示。

表 5.5 **金融科技对增加结算账户的效应分析**（被解释变量为 Y1）

解释变量	模型（6）-fe	模型（7）-fe	模型（8）-fe
Z1	1.95*** （4.06）	1.627*** （3.30）	1.285*** （3.42）
RFHI	1.39** （2.45）		
X2		0.957* （1.78）	
X3			1.251* （1.43）
RFHI*Z1	−0.335** （−2.61）		
X2*Z1		−0.268* （−1.79）	
X3*Z1			−0.256* （−1.56）
2013	−0.485	−0.430	−0.322
2014	−0.111	0.024	0.238
2015	−0.099	0.146	0.463
2016	−0.025	0.212	0.633
2017	−0.175	0.164	0.669
_ cons	−3.861	−2.702	−2.250

注：*** 表示统计量在1%水平上显著，** 表示统计量在5%水平上显著，* 表示统计量在10%水平上显著，其他情况表示不显著；括号内表示该系数 t 统计量，常数项和时间效应不作显著性分析。

模型（6）表明金融科技综合发展和经济均对结算账户的使用具有积极的影响，结算账户的使用作为普惠金融的一部分，其增长表示农村普惠金融程度的提高。金融科技的使用促进结算账户的增长，该结论与理论假设 H2 的预期结果一致。通常情况下，金融科技总体水平提升，为结算账户的使用提供了更好的外部环境，促进了人们对结算账户的需求和使用。金融科技和经济的交互项对结算账户增长的贡献值为负，根据 Cohen（2003）的研究，反映了金融科技和经济在促进结算账户发展过程中的调节效应①，也反映了金融科技和经济在结算账户使用过程中的相互抑制的问题。结算账户的使用，使资金流动更加便捷，资本逐利的特点使金融科技应用水平的提高会加速资金的外流，从而抑制经济的发展，该研究与孙英杰和林春（2018）的研究结果一致。

模型（7）~模型（8）从金融科技的子项，逐项解释了金融科技应用对结算账户增长的贡献。模型（7）从资金清算方面的基础金融设施，分析了基础金融设施的发展对结算账户增长的贡献。基础金融设施的增强，有助于提高农村金融机构的资金清算和结算能力，促进人们对结算账户的使用，通过结算账户获得更广泛的金融服务。模型（8）从银行卡受理市场方面，解释了银行卡受理市场的发展对结算账户增长的贡献。从金融科技的子项对结算账户增长的贡献观察，银行卡受理市场的发展对农村普惠金融结算账户的增长的贡献最大，这与农村金融的现实一致。银行卡产业具有双边市场的特点，在农村金融中，银行卡和清算设施都是政府或金融机构通过政策进行引导和发展，而银行卡受理市场则根据用户的金融需求发展，因此，银行卡的受理市场对结算账户的影响较为显著。正是银行卡受理环境的改善，促进了人们对结算账户的需求，使原本受金融排斥的用户开设结算账户，而人均结算账户数的增加提升了农村金融市场的资金结算能力，发展了农村普惠金融。从金融科技的子项上，金融基础设施的发展和银行卡受理市场的发展同样存在金融科技的应用和经济增长相互抑制的问题，如模型（7）~模型（8），表明当金融科技和农村经济的发展不匹配时，资金清算能力的增强或银行卡受理市场的发展，使部分企业或个人为了资金流出而减少在农村金融机构的结算账户数，从而抑制农村普惠金融的发展。因此，在农村普惠金融发展的过程中，需要进一步制定有效的政策和制度保障，减少资金外流。

通过模型（6）~模型（8），将金融科技及各子项、银行卡作为农村普惠金融结算账户增长的重要影响因素：一方面，金融科技各子项和经济对结算账户的增长都具有正向的影响，表明金融科技应用促进结算账户的发展具有稳定性；另一方面，金融科技应用对结算账户的影响弱于经济发展对结算账户的影

---

① 两个解释变量的系数为正，交互效应系数为负，表示相互抑制，具体解释同 5.3.1。

响，也反映了金融科技应用以及金融科技和经济的协调发展的重要性。

5.3.2.3 金融科技对结算账户数影响的地区差异性

同5.3.1的方法，进一步分析金融科技对结算账户影响的溢出效应，以德阳为例，在样本数据中引入用于表示区域的虚拟变量Ddy，用于表示区县之间具有邻近关系组成的德阳市。在模型（6）~模型（8）中加入了表达区域的虚拟变量，模型（6）~模型（8）的估计改为采用GLS估计，得到虚拟变量的系数在各模型中均不显著，结果如表5.6所示。

表5.6　金融科技对结算账户的地区差异性分析（因变量为结算账户数）

解释变量	模型（6）-GLS	模型（7）-GLS	模型（8）-GLS
Ddy	−0.037	0.064	0.41
t 统计量	（−0.27）	（0.46）	（0.31）

注：*** 表示统计量在1%水平上显著，** 表示统计量在5%水平上显著，* 表示统计量在10%水平上显著，其他情况表示不显著；括号内表示该系数t统计量，常数项和时间效应不作显著性分析。

表5.6中，金融科技应用对结算账户的使用，用于表达同一区域的虚拟变量的系数在模型（6）~模型（8）中均不显著，表明金融科技对结算账户的使用的区域效应不明显。与原始的模型（6）~模型（8）的固定效应相比，虽然金融科技对结算账户的影响具有地区差异，但是德阳市与乐山市、阿坝州整体的地区差异性却不显著，表明金融科技应用对结算账户数的增长、金融结算能力的提高在县及县以下具有明显的效果。

5.3.2.4 金融科技应用对农村普惠金融结算账户增长的稳健性分析

同5.3.1的方法，在结算账户的影响因素中，金融科技和经济都是影响普惠金融结算账户增长的重要因素。采用虚拟变量Dab将样本数据分为阿坝州和非阿坝州地区，阿坝州的经济水平较低，人均GDP低而且地区GDP增速较慢，在经济、技术以及经济和技术的交互作用下，在样本中引入虚拟变量Dab将样本分为阿坝州地区和非阿坝州地区，用以代表四川省的两类经济地区，通过在模型（6）~模型（8）中加入虚拟变量后，比较核心解释变量的系数变化，判断金融科技对农村普惠金融结算账户增长的稳健性。

经计算，模型（6）~模型（8）的虚拟变量Dab均不显著，再次表明金融科技应用对人均结算账户数的增长在德阳市、乐山市和阿坝州不具有地区差异性。在加入虚拟变量Dab表示经济不同水平的虚拟变量后，其解释变量的系数的估计结果与加入虚拟变量前基本一致，即：金融科技及各子项对结算账户的增长仍具有积极的作用，因此，金融科技对结算账户的增长具有稳定性。

5.3.3　金融科技对提高农户信贷获得性的计量分析

5.3.3.1　模型的设定

参照式（5.1），本研究的第三个假设（H3）的模型定义如下：

$$y2_{it} = \alpha_0 + \beta * x_{it} + \beta' * z_{it} + \beta'' * x_{it} * z_{it} + \gamma_i + u_t + v_{it} \qquad (5.4)$$

上述模型中，α_0 为常数项，被解释变量为 y2（人均农户信贷余额），其他解释变量的含义及表达方式同 5.3.1。在模型中，为更准确地描述金融科技对人均农户信贷的影响效应，本研究在分析的过程中加入控制时间效应的虚拟变量 i.year，在分析地区的空间差异性时加入地区虚拟变量 Ddy，在分析模型的稳健性时加入经济类型的虚拟变量 Dab。

5.3.3.2　全样本下模型的估计及其分析

为分析金融科技对农户信贷的影响，根据式（5.4），同前述方法，将金融科技、银行卡及金融科技子维度分别对农户信贷逐一进行回归，并引入控制时间效应的变量，其模型为模型（9）~模型（13），通过 stata15 对模型进行计算，其结果如表 5.7 所示。

表 5.7　金融科技对农户信贷的影响效应分析（被解释变量为 Y2）

解释变量	模型(9)-GLS	模型(10)-GLS	模型(11)-GLS	模型(12)-GLS	模型(13)-GLS
Z1	0.255 ***	0.322 ***	0.366 ***	0.335 ***	0.158 ***
	(4.20)	(4.15)	(6.23)	(4.59)	(3.57)
RFHI	0.524 ***				
	(4.57)				
X1		0.390 ***			
		(3.11)			
X2			0.669 ***		
			(5.81)		
X3				0.636 ***	
				(4.44)	
X4					0.488 ***
					(4.61)
RFHI * Z1	−0.129 ***				
	(−3.57)				
X1 * Z1		−0.098 ***			
		(−3.56)			
X2 * Z1			−0.200 ***		
			(−5.32)		

表5.7(续)

解释变量	模型(9)-GLS	模型(10)-GLS	模型(11)-GLS	模型(12)-GLS	模型(13)-GLS
X3 * Z1				−0.188*** (−3.74)	
X4 * Z1					−0.089*** (−3.50)
2013	0.113	0.090	0.090	0.124	0.137
2014	0.178	0.138	0.161	0.205	0.184
2015	0.197	0.174	0.197	0.253	0.178
2016	0.285	0.238	0.246	0.322	0.244
2017	0.439	0.431	0.418	0.476	0.400
_cons	−0.333	−0.534	−0.555	−0.547	−0.100

注：*** 表示统计量在1%水平上显著，** 表示统计量在5%水平上显著，* 表示统计量在10%水平上显著，其他情况表示不显著；括号内表示该系数 t 统计量，常数项和时间效应不作显著性分析。

模型（9）表明金融科技综合发展和经济均对农户信贷的使用具有积极的影响，农户信贷的使用作为普惠金融的一部分，农户信贷的增长表示农户获得信贷能力增强，农村普惠金融程度提高。金融科技的使用促进农户信贷的增长，该结论与理论假设 H3 的预期结果一致。通常情况下，金融科技总体水平提升，为农户信贷的使用提供了更好的外部环境，提高了人们对农户的信贷需求和获得金融服务的能力。金融科技和经济的交互项对农户信贷的贡献值为负，根据 Cohen（2003）的研究，反映了金融科技和经济在促进农户信贷发展过程中的调节效应①，也反映了金融科技和经济在农户信贷使用过程中的相互抑制的问题。金融科技的使用，使资金流动更加便捷，农村经济投资周期长、收益低与资本逐利的特点，金融科技应用水平的提高会加速资金的外流，从而使农村金融资源缺乏，抑制农户信贷的获得，该研究与孙英杰和林春（2018）的研究中的结果一致。

模型（10）从银行卡方面，解释了银行卡市场的发展对农户信贷增长的贡献。模型（11）~模型（13）从金融科技的子项，逐项解释了金融科技对农户信贷增长的贡献。模型（11）从资金清算方面的基础金融设施，分析了基础金融设施的发展对农户信贷增长的贡献。基础金融设施增强，资金流动效率提高，金融资源的配置更有效率，便于人们获得信贷服务，从而发展了农户

———————————————

① 两个解释变量的系数为正，交互效应系数为负，同5.3.1。

信贷。模型（12）从银行卡受理市场方面，解释了银行卡受理市场的发展对农户信贷增长的贡献，相对于其他支付工具，银行卡受理市场的改善促进了人们对银行卡的使用，而资金流信息的积累为用户信贷的决策提供了方便。模型（13）研究了非现金交易对农户信贷的贡献。农村中清算和结算环境的改善、非现金支付工具的使用，最终体现在非现金交易方面，非现金交易的增长，使小额消费信贷得到了较快的发展。从金融科技的子项上，银行卡产业的发展、支付清算、银行卡受理和非现金交易，同样存在金融科技的应用和经济增长相互抑制的问题，如模型（10）~模型（13）。金融科技及各子项的发展为农村金融构建了更便捷的资金流动渠道，在方便资金流入的同时，也方便了资金流出。因此，在农户信贷发展的过程中，应通过金融科技的应用促进农户获得信贷，减少资金外流。

通过模型（9）~模型（13），将银行卡、金融科技及各子项作为农户信贷发展重要的影响因素，一方面，金融科技各子项和经济对农户信贷都具有正向的影响，表明金融科技应用促进农户信贷的发展具有稳定的影响；另一方面，金融科技对农户信贷的影响强于经济对农户信贷的影响，在发展农村普惠金融的过程中，应重视金融科技的应用以及金融科技和经济的协调发展。

5.3.3.3 金融科技应用对农户信贷数影响的地区差异性

同 5.3.1 的方法，进一步分析金融科技对农户信贷影响的地区差异性。以德阳市为例，在样本数据中引入用于表示区域的虚拟变量 Ddy，用于表示区（县）之间具有邻近关系组成的德阳市。因在模型（9）~模型（13）中加入了表达区域的虚拟变量并采用 GLS 估计，得到虚拟变量的估计结果如表 5.8 所示。

表 5.8　金融科技对农户信贷影响的地区差异性分析（因变量为农户信贷）

解释变量	模型(9)-GLS	模型(10)-GLS	模型(11)-GLS	模型(12)-GLS	模型(13)-GLS
Ddy	−0.178 ***	−0.109	0.189 ***	−0.188 *	−0.017
t 统计量	（−2.44）	（−1.11）	（−2.72）	（−2.56）	（−0.22）

注：*** 表示统计量在 1% 水平上显著，** 表示统计量在 5% 水平上显著，* 表示统计量在 10% 水平上显著，其他情况表示不显著；括号内表示该系数 t 统计量，常数项和时间效应不作显著性分析。

表 5.8 中，金融科技应用对农户信贷的使用，用于表达同一区域的虚拟变量的系数在模型（9）、模型（11）和模型（12）显著，表明金融科技对农户信贷的使用在金融科技总体水平上、金融设施和银行卡受理等方面相对于乐山市和阿坝州地区具有地区差异性；金融科技应用对银行卡和农户信贷在模型

（10）和模型（13）不显著，表明银行卡受理市场和非现金交易水平对农户信贷的增长没有地区差异性。

5.3.3.4 金融科技应用对农户信贷增长的稳健性分析

同 5.3.1 的方法，在农户信贷的影响因素中，金融科技和经济都是影响农户信贷获得的重要因素。采用虚拟变量 Dab 将样本数据分为阿坝州和非阿坝州地区；阿坝州的经济水平较低，人均 GDP 低而且 GDP 增速较慢，在经济、技术以及经济和技术的交互作用下，在样本中引入虚拟变量 Dab，将样本分为阿坝州地区和非阿坝州地区，用以代表四川省的两类经济地区；通过在模型（9）~模型（13）中加入虚拟变量后，比较核心解释变量的系数变化，判断金融科技对普惠金融影响效应的稳健性。

通过计量分析，模型（9）~模型（13）的虚拟变量 Dab 的系数显著不为 0，表示地区的经济类别对金融科技及各子项作用农户信贷的影响显著。因此，金融科技应用对农户信贷影响的结果，与一个地区的经济结构相关。

在加入虚拟变量 Dab 来表示不同水平的虚拟变量后，其解释变量的系数的估计结果与加入虚拟变量前基本一致，即金融科技及各子项对农户信贷的增长仍具有积极的作用，因此，金融科技对农户信贷的影响效应具有稳健性。

5.4 小结

本章在前面研究的基础上，通过计量分析研究了金融科技对农村普惠金融的促进效果。

首先，本章的普惠金融和金融科技应用综合数据，采用第 4 章计算所得的数据做进一步研究。

其次，根据第 3~4 章的研究，分别从金融科技应用影响普惠金融综合水平、金融科技应用影响结算账户和金融科技应用影响农户信贷三个方面，提出了三个理论假设，从金融科技及其子项分别研究金融科技的应用对农村普惠金融的影响效应。通过计量分析，三个理论假设都得到验证，即金融科技及各子项对普惠金融综合水平、结算账户和农户信贷都具有正向的影响。比较而言，金融科技对农村普惠金融综合水平、结算账户和农户信贷获得提升的边际效应不同，对结算账户的边际效应最大，而对综合水平的边际效应最小。

最后，根据理论假设，分别研究了金融科技及各子项应用对农村普惠金融综合水平、结算账户和农户信贷的影响，并进一步分析了金融科技对农村普惠金融影响的地区效应和评估了模型的稳健性。金融科技应用对农村普惠金融综合影响和结算账户的影响方面，经济对农村普惠金融的贡献比金融科技应用对农村普惠金融的贡献大；在农户信贷方面，金融科技对农村普惠金融的影响大于经济对农村普惠金融的影响，在现行经济条件下，应通过金融科技的应用发展农户信贷。而且，当金融科技的应用与地方经济发展不平衡时，金融科技会加速资金外流，使金融科技与经济发展在一定的程度上相互抑制，在农村普惠金融的发展中，金融科技应用对农村普惠金融的发展具有地区效应，应重视金融科技应用和经济的协调发展。

6 金融科技促进农村普惠金融的路径研究

根据第 3~5 章的分析，金融科技对农村普惠金融的发展不仅有理论的支持，而且通过宏观经济数据实证分析得到证实。

DCEP 作为金融科技的一种应用，定位于 MO，DCEP 应用替代农村金融的现金进行交易支付。而伴随着 DCEP 在农产品交易中的应用，DCEP 下的农村普惠金融有许多新的路径和方法。结合我国农村普惠金融的特征和具体问题，本章进一步提出我国应用金融科技发展农村普惠金融的实施路径。

6.1 完善农村普惠金融体系

普惠金融于 2005 年提出后，2013 年被写入中央一号文件，经过多年建设，我国的农村普惠金融体系得到逐步完善。

6.1.1 普惠金融发展的四种模式

我国初步形成了政策引导、财税扶持、市场主导和践行公益四种模式。

政策引导主要是中国人民银行通过金融政策引导金融机构为传统金融排斥的用户提供金融服务，引导信贷资金投向，对参加"三农"或小微企业的金融机构提供政策优惠。如降低金融机构的准入门槛，吸收一些成熟的非正规金融机构以合作金融、新型金融组织等参与农村普惠金融服务，放宽存贷比等监管条件，帮助金融机构参与到农村普惠金融。

财税扶持是对农业生产中社会效益大、个人经济收益低的金融服务，国家对参与农村普惠金融的客户或金融机构以财政补贴等方式降低这些金融服务的交易成本，促成农村普惠金融的可持续发展，激励金融机构进行金融创新、参与农村普惠金融。

市场主导是充分发挥市场对金融资源的配置作用，各金融机构以营业网点、助农终端等方式扩大在农村金融市场的规模，获得更多的农户或小微企业的支持，从而获得金融服务的规模收益。

践行公益是针对农村普惠金融中涉及民生保障、公共服务和社会福利等方面的金融服务，金融机构或金融监管机构推动农村普惠金融的建设，帮助传统金融排斥的用户建立信用档案，提高农户或小微企业获得信贷的能力。

6.1.2 普惠金融体系建设路径

在上述普惠金融发展模式下，我国农村普惠金融体系逐步完善。随着农业现代化、乡村旅游以及农村电子商务等农村经济市场的发展，农村数字经济环境初步形成。金融需求增加、农村金融创新不足与城市金融市场的挤出效应，使一些金融机构在市场的作用下利用金融科技逐步向农村进行渗透，农村金融逐渐形成了政策性金融、商业性金融、合作性金融以及互联网金融等多种金融供给共同作用的农村普惠金融组织体系。各组织根据农村经济的特点，进行金融工具创新，为农村提供多元化的金融服务。

政策性金融是农村普惠金融不可缺少的内容，中国农业发展银行是政策性金融的重要金融组织，它主要面向农村金融中与国家经济政策和农业政策相关的融资服务。在政策的引导、财税补贴和公益性的农村普惠金融发展的过程中，政策性的金融主要面向农业生产中具有高社会价值、低经济收益的项目。而农村经济中的项目因为其在国家中的基础地位，绝大多数项目属于高社会价值、低收益的经济项目，如国家为稳定农业的粮食生产或农业基础设施项目。由于项目的社会价值高，项目具有较强的社会外部性。根据公共产品理论，项目的外部性是农村金融市场失灵的重要原因之一，需要依靠政策性金融通过财政补贴矫正市场失灵，保障该类项目的融资。无论是发达国家还是发展中国家都有政策性金融组织。因此，农村政策性金融组织应充分发挥好自身的作用，在国家政策的引导下，利用好财政补贴，有序、有重点地参与到农村普惠金融中。

除政策性金融之外，市场是农村金融最有效的资源配置方式。不管是商业性金融、合作性金融、新型金融还是互联网金融，盈利是其主要目标。通过国家政策扶持，使更多的致力于农村普惠金融的企业成长为金融机构，如属于新型金融组织的浙商银行，属于合作型金融组织的农商银行、村镇银行等。在财税补贴下，对参与农村普惠金融的农业银行、农商银行和农村信用合作社，通过财税补贴保障金融机构的基本收益；激励传统意义上的非农村金融机构利用其已有的优质金融资源向农村金融渗透，如通过降准鼓励工商银行等金融组织参与农村普惠金融。通过一系列政策引导，促进更多的金融组织参与农村普惠金融，形成多层次的农村普惠金融体系，促进农村普惠金融由农村金融组织的普惠金融转向农村普惠金融，促进财税补贴由农村金融组织的补贴转向农村普惠金融服务的补贴。

财税补贴主要是因为普惠金融高额的交易成本，但是，金融科技的应用从技术上降低了农村普惠金融的交易成本，通过电子支付进行信息采集减少了农村信息的不对称问题，降低了农村金融的风险；但是，农村普惠金融交易成本高的另一原因是农村经济本身的特点，农业生产客观上决定了农村金融投资周期长、回报率较低的特点。因此，农村普惠金融的发展应在金融科技的应用下，各金融机构在防范金融风险的同时，通过金融创新降低普惠金融的成本，在长尾理论的支持下获得规模收益。

目前，商业性金融等正规金融机构仍然是农村普惠金融的主体，尽管金融科技的应用强化了金融机构的竞争意识，但是由于其金融主体的地位，商业性金融、合作性金融以及新型金融的创新意识不强，金融机构的规模收益难以得到保障，而且，农业存款和贷款的差额显示农村资金外流。首先，为引导农村金融市场化发展，政府要引导正规金融机构转变观念，激励金融机构根据农村经济的特点应用金融科技的手段创新金融工具，通过市场作用机制帮助金融机构获得金融收益。其次，要加强对农村资金的监管，防止金融机构通过农村普惠金融吸储使资金外流，加重农村金融的排斥现象，实现农村金融资金专款专用，并采取相应措施激励金融机构向农村注入资金，帮助其发展普惠金融。再次，要加强农村金融基础设施建设，促进具有区域性金融市场的金融交易平台（如成都农贷通）的建设，减少金融机构在应用金融科技发展普惠金融中的障碍，并在农村金融激励下，让保险业等其他形式的金融机构参与到农村普惠金融中，降低农村金融的风险。最后，对农村普惠金融中特定的支农金融服务和不可避免的金融风险，采用利息、不良贷款核销等政策倾斜，激励金融机构参与农村普惠金融。

此外，在农村普惠金融中，互联网金融等非正规金融作为农村普惠金融的必要补充，利用金融科技的手段参与普惠金融，如京东金融，作为信息科技企业，不仅具有较强的金融创新能力，同时还拥有农村电子商务的背景，它们在市场的作用下积极参与农村普惠金融，为农村金融注入大量的资金。在政策引导下，一部分升级为新型金融组织，另一部分仍然需要加强监管，防范其金融风险。

总之，农村金融组织的多元化进一步促成了农村金融服务多元化，促进了农村金融组织之间的竞争和农村金融市场的形成，提高了农村金融资源配置的效率。在金融科技的应用下，其不断降低的金融交易成本不仅为农户提供了成本上可接受的金融服务，而且提高了农村金融组织的收益，该收益又激励金融组织实施金融服务创新，促进普惠金融的可持续发展。因此，农村金融市场的形成和农村金融服务的多元化发展是应用金融科技发展农村普惠金融的有效路径之一。

6.2 促进线上/线下渠道并行发展

2015 年李克强总理提出"互联网+"的行动计划，"互联网+"和"+互联网"也同样适用于农村金融供给侧改革。在农村普惠金融发展的渠道方面，参照巴西的线下代理行模式和肯尼亚的线上手机银行模式，发展农村普惠金融。

6.2.1 代理行模式是普惠金融应对金融网点不足的一种有效的线下渠道

代理行模式最早源于巴西，1999 年，巴西颁布代理行法规，促进银行与非金融机构合作，将零售商店、加油站等发展为代理行，并简化用户在代理行获得金融服务的流程，以此拓展银行网点、降低金融服务的门槛和普惠金融的交易成本。

借鉴巴西代理行的经验，面对农村金融网点不足的问题，农村普惠金融应充分利用金融科技的外部性，通过金融服务搭载促进金融网点下沉。我国在农村普惠金融的过程中应大力发展助农取款工程，通过银行与农村便利店等合作，将农村便利店发展为助农取款网点，为农村提供存款、取款以及转账等基本的金融服务，以此延伸金融网点，应对金融服务"最后一公里"的问题，帮助更多的农户获得金融服务。一些行政村因为没有便利店，银行则以市场的方式发展一些信誉较高的农户作为助农取款点，或者以公益的方式发展行政村委会作为助农取款点，以此消除金融服务空白行政村。随着信用体系的逐步完善和网上银行的发展，金融科技的应用促进助农取款工程为农村提供更广泛的助农取款服务，降低助农取款成本，增加助农取款收益，使更多的用户愿意参与使用或提供助农取款服务。

金融创新常伴随着金融风险的不确定性，因此，在促进农村普惠金融发展的过程中，建立农村普惠金融创新试点，选取农村中普惠金融发展具有示范作用的乡镇或村，建立示范乡镇、示范村，带动邻近乡镇或邻近村庄的农村普惠金融发展。近年来，农村脱贫攻坚中出现了一批在农村电子商务或农业现代化方面具有示范作用的乡镇或村庄，它们在经济发展的过程中，推动了普惠金融的发展，将更多的人纳入金融体系，帮助更多的人获得更广泛的支付、信贷和保险等金融服务，带动了周边地区的农村普惠金融发展。

助农取款工程等金融便利店的实施，通过线下延伸至金融网点，在培养农户的金融意识和获得金融服务的能力等方面具有一定的优势。因此，为进一步发展农村的普惠金融，我国的普惠金融线下渠道的主要策略是依靠金融科技提高农村金融网点的覆盖率。首先，在网点不能到达的地区，通过技术创新提高助农取款点的金融服务能力，在金融风险可控范围内，帮助农户通过助农取款终端获得更多的金融服务，而不仅仅是取款、转账等。其次，激励助农取款点积极开展金融服务，通过交易量的提升提高助农取款点的收益，并降低金融交易的价格，引导更多的农户通过助农取款点获得金融服务。最后，激励助农取款点积极开展金融知识宣传，提高农户的金融素养，促成农户更多的金融需求得到满足，以发展农村普惠金融。

6.2.2　手机银行模式是普惠金融最大化降低金融交易成本的线上渠道

手机银行模式最早在肯尼亚 M-PESA 中得到成功应用。M-PESA 是肯尼亚手机运营商开发的资金转账系统，它将客户信息集成在 SIM 卡中，简化用户操作流程。由于肯尼亚移动用户多、金融服务覆盖不足、交易成本高等特点，M-PESA 运行后，70%的肯尼亚人成为 M-PESA 用户，获得了金融转账等金融服务。

借鉴 M-PESA 发展普惠金融的经验，我国在移动银行方面不断进行金融创新，用成本更低的手机银行 APP（手机客户端应用程序）代替了 SIM 卡，用户可以在一部手机上安装多个银行的 APP 应用，尽最大可能降低金融交易的成本。

手机银行 APP 集成了银行的大部分功能，在银行优化金融服务流程时，手机银行 APP 与银行同步更新，维护成本低。而且，手机银行 APP 不仅将用户信息集成在手机 APP 中，还依靠手机相关部件进行身份识别，简化手机银行的使用步骤。由于我国移动网络的全面覆盖，手机银行成为移动的银行，可为客户提供个性化的服务。

目前，移动银行已在安全、效率和成本等方面成为理想的农村普惠金融渠道。因此，要进一步发展普惠金融，一是要加强网络等公共基础设施建设，为用户提供更安全、更稳定的通信网络，实现网络向下兼容。随着4G网络的广泛使用、5G网络的到来和6G网络的研发，不同代际网络升级过程中，应充分考虑到农村移动设备升级的滞后性。二是应用金融科技的手段，在金融安全的前提下，创新出更多更适合农村普惠金融的金融服务，对于小额支付或小额消费性信贷，最大化简化操作流程，使更多的用户使用移动银行，通过移动银行提高自身获得金融服务的能力。三是充分利用手机银行进行信息推送，对用户进行金融知识宣传，全面提高农户的金融素养。

6.3 引导农村普惠金融由电子支付向信贷等金融服务转移

信息不对称、农村普惠金融成本高、风险高和收益低是农户被传统金融排斥的重要原因，农村金融市场培育是普惠金融发展的重要环节。

6.3.1 优先发展农村电子支付

在金融科技的应用下，电子支付的应用对培育农村金融市场起着重要的作用，不仅为农村金融的发展采集了大量的资金流动数据，也有利于减少农村金融中的信息不对称问题。而且，其本身也是一种低成本、低风险和高收益的金融服务。

首先，创新支付服务的终端应用程序，促进金融服务下沉。电子支付是一种基本的金融服务，与现金交易不同的是金融机构在电子支付过程中参与了资金转账。因此，在电子支付的过程中，金融机构应通过金融科技应用，创新ATM机、POS机以及移动银行客户端的应用程序，为农户提供流程更简单、操作更便捷以及支付更安全的金融服务；对于移动支付，充分挖掘手机终端的资源，应用金融科技创新提升APP的金融服务能力，通过搭载客户自有的移动终端设备，为农户提供个性化的金融服务，使农户随时随地获得符合自己需求的金融服务。

其次，在移动支付APP的应用中，将更多的客户信息整合到APP，简化电子支付的操作流程，采用指纹支付、刷脸支付、扫码支付等调用用户移动设备相关组件,对用户进行精确识别;而且,通过金融科技的应用增强金融管理信息系统的服务能力,最大限度降低农户的支付风险,以降低农户和金融机构在金融服务中的风险。

再次,相比其他金融服务,电子支付的服务不仅成本低,而且是无限供给。特别是移动支付在金融机构现有支付网络环境下,通过在用户自有终端设备写入客户端程序,其成本主要用于开发客户端程序,相对于众多客户使用移动支付带来的收益,该成本可以忽略不计,从而为用户提供零成本的支付服务。而且,客户端程序集成了客户大量的私有信息,支付流程简化后用户学习使用支付的成本也接近零。因此,用户可以通过电子支付提高自身获得金融服务的能力。电子支付中资金信息的流动通过信息的外部性为金融机构提供了大量的金融数据,减少了农村金融市场的信息不对称问题。与此同时,金融机构获得大量用户以及交易信息,可获得规模收益。不仅如此,农村资金流动加快,提高了资金运行效率,为后续金融资源配置创造了良好的条件。

最后,在农村普惠金融中,应优先发展电子支付,尽可能减少现金交易。在发展电子支付的过程中,根据农村经济的特点,逐步改善农村电子支付的环境,通过多种渠道培养用户的电子支付意识;激励农户通过自有终端设备使用移动支付,促进农村电子支付由高成本向低成本的金融服务过渡;在移动支付中根据农户的金融特征,主动为农户提供金融知识推送,提高农户的金融素养。

6.3.2　在电子支付的基础上发展信贷

信贷一直是农村普惠金融的重要内容,相对于农村电子支付的金融服务供给,信贷的供给有限。在金融供需双方信息不对称的情况下,信贷过程中常伴随着逆向选择和道德风险,使农村金融风险较高。农村金融常需要付出巨大的代价去识别农户的金融风险,在不能准确识别农户金融风险的情形下,则以较高的金融交易门槛提供金融服务,不仅使农村金融交易成本非常高,而且还将大量具有金融需求的农户排斥在金融服务之外。通过电子支付,信息系统自动记录了大量的农户资金流动信息和农户的金融行为信息,金融机构应通过金融科技的应用,充分挖掘用户的金融数据价值,以此对农户的信用进行精确评价,减少信息不对称的问题。由于系统长期采集农户资金流信息,农户在信贷过程中进行逆向选择或道德风险都需要付出非常高的成本。

当用户申请信贷时,金融信息管理系统利用用户的信用模型快速对农户信用进行评价,通过电子支付将资金及时配置给农户,从而提高农村金融资源配置的效率;而且,金融机构还可以利用一些短期免息、循环的消费型小额信贷培养农户获得金融服务的意识，提高农户获得金融服务的能力。

为提高农户获得信贷的能力，金融机构可利用金融科技对农户的经济活动的信息资源进行挖掘，发展供应链金融。相比现金支付，电子支付记载了资金流动的方向和资金规模，而资金流动方向则记录了农户在农业生产中的上下游关系，这种关系形成了农业生产供应链，农村金融可以根据农业生产供应链创新金融工具，发展供应链金融。在供应链金融中，金融机构通过上下游企业的资产、信用等信息，对当前企业的资产、信用等与农村金融相关的内容进行评价，降低农户和小微企业的信贷风险，减少农户或小微企业在信贷中的逆向选择和道德风险问题。

在电子支付的基础上发展信贷，其核心问题是农户信用问题。金融机构和监管机构应重视制度建设，通过金融创新和制度保障去激励农户正确认识信用问题、重视信用积累，鼓励农户积极使用金融科技支持的金融服务。在电子支付的过程中，引导农户建立金融结算账户、加强对农户信用相关知识的宣传，提高农户获得信贷的效率，从而提高农村金融资源的配置效率。

6.3.3 利用金融科技进行更广泛的金融创新

支付和信贷概括了农村普惠金融存、贷、汇等基本的金融服务。但是，由于农村经济的特殊性，部分农业信贷周期长、风险高，不仅要求农村金融根据农村经济的特点创新金融工具，而且要求农村金融提供农业保险等金融服务，将农业保险等作为农户信贷风险的重要指标，可有效降低农村信贷的风险，帮助农户获得信贷支持。在金融科技的应用下，促成技术在农村金融更广泛地应用，促进农村金融生态的形成。

总之，应用金融科技发展农村普惠金融是一个循序渐进的过程。京东等将信贷的金融风险控制在较小范围内的金融科技企业，正是沿着支付—信贷—更广泛的金融服务这一路径，建立金融生态圈，在市场的作用机制下，提供农村普惠金融服务。在农村普惠金融中，这些金融科技企业的成功经验为农村金融机构发展普惠金融提供了参考。

6.4 优化信贷的风险管理，促进"所有人"获得信贷服务

减少农村金融的信息不对称问题有利于降低金融风险、减少农户的交易成本，并帮助农户获得信贷。在金融科技的信用下，我国一方面加强信用体系的

建设，另一方面创新信贷模式，减少信息不对称问题。目前，我国在农村普惠金融小额信贷方面，已初步形成了农户联保信贷、政银宝、供应链金融等信贷模式。

6.4.1　农户联保信贷

农户联保信贷是农户在无抵押的情形下，寻求一定同伴组成小组的小额借贷方式。目前，孟加拉国乡村银行（格莱珉银行）是国际上规模最大、效益最好的专注于为贫困家庭的妇女提供小额信贷的银行。格莱珉模式的信贷无抵押、无担保，以五个家庭为一组联保进行信贷，实行组内监督，减少信息不对称问题，通过内部约束减少信贷的逆向选择和道德风险；而且，格莱珉模式还鼓励通过存款提高信用，并将小组贷款的5%作为小组成员应急时的免息的福利性贷款；此外，格莱珉模式还鼓励小组成员进行脱贫经验交流，共同致富。格莱珉模式的信贷减少了用户获得金融交易的成本，降低了用户获得金融交易的门槛。用户可以通过联保方式获得信贷，而且在必要时获得免息信贷。

我国一直在探索如何应用格莱珉模式发展农村普惠金融，2017年格莱珉银行同河南中原银行合作发展普惠金融，借鉴格莱珉模式，中国农业银行和民生银行已联合推出了联保贷，由3~5个自愿形成联保体的用户结成小组，通过联合担保，帮助小组的某个成员获得借贷。但是，我国与孟加拉国不同的国情决定了联保贷不同于格莱珉借贷。因此，在联保贷发展的过程中，联保贷也未能发挥预期的作用。接下来应总结20多年来格莱珉模式的小额借贷运营的经验教训，结合我国农村借贷的实际情况创新发展联保贷。

在我国发展联保贷的过程中：首先，借鉴格莱珉借贷模式，强化金融知识的宣传，让农户更多地了解金融相关知识、联保贷的权利和义务，既要促成小组成员之间达成协作，又要防止小组共谋骗取信贷，引发更大的金融风险；其次，由于农业生产的连续性，当农户缺乏资金流、缺乏信用数据、缺乏抵押和担保时，农业生产借贷需要的资金量小，格莱珉模式的流程应进一步进行优化；再次，大部分农业由于生产周期长、收益低，但是其农业生产的不确定性小，应充分发挥小组成员的作用进行相互约束，能较大限度减少信息不对称问题，因此，应优化格莱珉模式的定价；最后，联保贷应借鉴格莱珉模式的公益基金和对存款的激励机制，激励农户存款，同时，农村普惠金融的机构应转变观念，将农村普惠金融的金融资源真正用于普惠金融。

6.4.2　政银保

政银保是根据农业生产的特点，政府提供农业生产保险补贴、银行提供农业生产贷款以及保险公司对农业信贷进行担保，以共同分担农业信贷的风险。在该模式下，农业信贷减少了对农户抵押、担保的依赖，实现了政府、银行和保险机构的风险分担。政府以保险、贴息的方式，提高金融供给对信贷收益的期望，激励农村金融机构优化信贷配给。由于政府未能直接参与农村信贷，而是以转移支付的方式，对保险进行补贴，农户、保险以及银行均在市场的作用下进行资源配置。因此，采用政银保模式的金融资源配置模式，可促进农村普惠金融以市场的方式运行，提高农村金融资源配置效率。

政银保在实施的过程中，信贷的参与主体由农户与银行，扩展到农户、政府、保险和银行。但是，政银保普惠金融的范围仍然有限，参与主体的增加使信贷手续较为烦琐，政银保发挥不了既定的优势。因此，政银保的优化路径为：首先，政银保于2009年才产生，其发展历史短，政银保模式应根据其在实践中的运营创新管理制度，充分发挥政府利用转移支付在农村普惠金融中的导向作用，在支农支小的过程中，政银保应覆盖农业生产中的普惠金融需求，切实解决农村普惠金融中农户缺乏抵押、担保形成的贷款难的问题；其次，由于信贷中有更多的参与主体，烦琐的手续增加了农户获得信贷的难度，这对缺乏金融素养的农户来说，提高了其获得信贷的门槛，因此，在信息技术的支持下，增强主体之间的信息共享，简化借贷手续，能有效地降低农户获得信贷的门槛，帮助农户获得信贷；再次，政银保由于采用政府贴息方式参与保险，而保险又参与农户借贷，因此，政银保应依靠技术的手段加强对信贷的激励和监管约束，避免农业信贷中农户的道德风险问题，让更多的未能偿还的信贷用保险的方式赔付；最后，随着信息科技和普惠金融的进一步发展，应对农业生产的经济效益和金融交易成本进行评估，优化政银保的普惠金融模式，让一部分在现代化农业生产下具有较好经济收益的项目的借贷转为"农户借贷+保险"的模式，而将农银保更多地用于高社会价值、低收益的项目。

6.4.3 供应链金融

供应链金融是为了满足生产链组织体系进行经济活动的资金需要而进行的金融交易活动。银行围绕核心企业，从产业链纵向对企业的资金风险进行评估，以此降低企业的借贷风险。供应链金融最早在深圳发展银行进行推广，在电子商务应用下，供应链金融得到发展，如中国农业银行的供应链金融不再局限于核心企业，而是沿着核心企业惠及供应链所有企业。随着农村经济的更进一步发展，供应链金融被写入2018年中央一号文件。目前，农业银行在农产品供应链金融中发展较快，如早期有农业银行峨眉山支行的蔬菜供应链融资、农业银行射洪支行的生猪产业链融资等。随后，农业银行提供了"惠农 e 通"
"e 链贷"和互联网金融平台等，根据农户在产业链中的上下游关系，采用大
数据分析进行授信，为农户提供实时贷款，发展普惠金融。

农村供应链金融从产业链的角度促进资金融通，在提高农户获得金融服务
能力的同时应加强监管。首先，在农产品供应链中，核心企业作为龙头企业，
在产业链中具有绝对优势，其自身的金融风险或在农产品交易中的资金拖欠，
均会导致产业链中断，因此，应加强对供应链的监管，特别是对产业链中相关
企业的金融行为进行监管；其次，供应链金融是跨界的金融服务，经济活动不
是简单地发生在借款者和贷款者之间，因此，中国人民银行应联合各部门共同
制定供应链金融的规则；最后，供应链产业涉及多家经营主体，其产业链较
长，对处于底端的金融客户金融风险较高，因此，应充分利用科技的优势，对
整个产业链的交易行为进行监管，防止其引发金融的信用风险、操作风险、流
动性风险以及系统性风险等问题。

6.5 充分把握好乡村振兴的战略机遇

乡村振兴是习近平总书记在党的十九大报告中提出的重大经济战略，有利
于巩固脱贫攻坚的成果。为了实施乡村振兴战略，农村的基础设施和公共平台
已得到改善，农村经济发展中汇集了大量的金融资源，产生了大量的金融需
求，要求农村金融对各经济要素进行有效的资源配置，因此，乡村振兴为农村
普惠金融发展提供了重要契机。

在乡村振兴的战略背景下，农村普惠金融的发展有四种路径。

6.5.1 激励金融机构特别是农村金融机构深耕"三农"

在乡村振兴战略实施以来，财政等参与农业供给侧改革，金融资源的汇集
要求普惠金融构建多层次的资本市场，切实应对农村经济中的资金如何来、如
何用以及如何实施资源配置等问题。乡村振兴战略下，农村经济的现代化发
展，必定要求与之相适应的数字普惠金融提供高效的金融支持，推动"互联
网+农业"的产业发展，助力产业振兴。

6.5.2 建立农村信用体系，改善农村信用环境

长期以来，由于农村经济的特点，农村普惠金融缺乏农户信用数据。乡村

振兴可以发展农村经济，但许多经济活动需要金融参与才能完成，信用成为农村普惠金融的关键问题。因此，在普惠金融发展的过程中，通过信用发展信贷，促进金融对农村资源的配置，满足农户经济活动中对金融的需求，同时也通过信贷发展信用，通过信贷利率等差别化对待守信和失信用户，强化农户的信用意识，促进信用和信贷的双向激励，实现人人守信用，助力乡村文化振兴。

6.5.3　积极发展绿色金融，改善农村生态环境

在乡村振兴的战略背景下，通过金融对农业生产要素的配置，加强农村、农业中的公共基础设施建设、环境治理等，引导农村发展生态旅游等绿色环保的项目，建立环保智库和科技创新平台，促进金融和绿色产业发展双向渗透，保护青山绿水，建立美丽乡村，助力生态振兴。

6.5.4　加强金融的调节作用

利用金融的调节手段，对基层组织的建设、基层人才的培养等实施政策倾斜，助力组织振兴和人才振兴。

6.6　结合 DCEP 创新金融服务

2020 年 DCEP 相继在全国多个地方、多个场景试点支付，DCEP 替代 MO 参与农村金融成为大势所趋。结合 DCEP 应用和数字农业的特点，创新金融服务发展农村普惠金融，具体的路径有三个方面。

6.6.1　充分利用 DCEP 的技术溢出效应，创新金融服务，实现精准的金融服务

DCEP 采用"央行—商业银行"双层运营模式，使用电子钱包进行管理。国家实施普惠金融的财政补贴通过商业银行直达农户数字钱包，在 DCEP 技术支持和"一币、两库、三中心"的运行下，智能合约和共识机制可以记录农村普惠金融的资金的准确用途，只有当资金按既定用途使用时，数字货币才会从 DCEP 银行库中转入用户数字钱包。如果资金在途中被改变用途，则在货币可控匿名支付中，通过货币追溯追回资金，以此实施金融监管。因此，金融机构在 DCEP 应用的基础上，通过技术创新金融服务、共享金融信息，实现农村

普惠金融的精准投放，充分发挥农村金融在现代农业中的支撑作用。

6.6.2 充分融合 DCEP 和数字农业的信息，共享数据并创新涉农金融服务

DCEP 对现金的替代实现了资金可控匿名支付，系统结合 DCEP 流动信息和数字农业信息，对农业信贷进行风险监管。因此，银行、保险等金融机构可以在 DCEP 的基础上结合数字农业开发功能更完善的信贷、保险等信息管理系统，降低农村金融的风险，提高金融资源的配置效率。

6.6.3 在 DCEP 基础上挖掘资金的流动信息，进一步优化供应链金融

在农产品供应链中，产品由生产端向消费端流动，而资金由消费端向生产端转移。每一次农产品交易时，商品交易双方的资金流动值相等、方向相反；商品交易数量和价格相等、方向相反；商品交易中，资金、商品交易数量和价格之间又存在一定关系，通过 DCEP 在农产品供应链中的流动信息，可以发现供应链金融的薄弱环节，实现金融服务主动供给或金融风险监管。因此，政府部门、商业银行可以在 DCEP 的基础上，采用机器学习等性能更优的算法，通过数据分析形成更优的决策，实施供应链金融管理。

总之，充分利用金融科技的特点，结合 DCEP 的应用，多部门联合推动金融科技在农村金融中的应用，通过金融信息管理系统特别是移动端的金融服务，让金融惠及更多的农户、适用农业应用，以此推动农村普惠金融的发展。

7　研究结论、政策建议和研究展望

金融科技的应用，使金融领域的服务在信息获取、传递、信息管理和金融决策等方面都发生了变化，它以更低的成本，更安全、更快捷的方式实现了资金的流动，提高了金融资源的配置效率。

7.1　研究结论

经过长期的发展，金融科技具有多方面的含义，为便于研究，本书将金融科技限定在银行业的金融科技应用，通过关于金融科技对农村普惠金融作用机理、效应和路径的研究，得出四个方面的研究结论。

7.1.1　金融科技应用推动了农村普惠金融的发展

金融科技是推动农村普惠金融发展的原动力。金融科技利用技术的外部性，为用户提供了更安全、效率更高的金融服务，降低了金融交易的成本；电子支付作为低风险的金融服务，通过移动网络、用户自有移动设备，将"所有人"纳入金融体系，人们在使用电子支付的过程中提高了金融素养，从农村金融需求的角度降低农户的金融需求抑制；而且，电子支付的使用加速了农村的资金流动，适应了现代农业生产对金融的需求，有利于落实国家的乡村振兴等战略部署。在此过程中，资金流动信息的自动聚集减少了金融信息的不对称问题，通过基于数据的金融决策为农户进行信用评价，提高对农户的授信额度，帮助农户快速获得信贷，促成金融资源更有效地配置到农业生产中，从而全面促进农村普惠金融的发展。

金融科技的应用强化了对普惠金融的监管。由于大量数据的聚集，农户和金融机构逆向选择和道德风险都需要较高的成本，通过农村普惠金融数据，利用数据挖掘能有效识别农村普惠金融的风险，监管宏观经济政策的实施情况等。

因此，金融科技应用降低了农村普惠金融的交易成本，使原本因为农村金融弱质性需要政府干预的农村普惠金融市场得到发展，提高了农村金融资源的配置效率。

7.1.2 农村普惠金融在实践中依靠金融科技实现转型和升级

农村普惠金融应用金融科技构建多层次的金融体系，促进多元化农村金融供给主体提供多样化的金融服务，实现农村普惠金融对农村所有人的全覆盖；而且农村普惠金融应用金融科技减少了金融服务中的信息不对称问题，并为农村普惠金融提供低成本的金融服务。

在金融科技的应用下，四川省农村普惠金融体系日趋完善，金融服务能力日益增强，一些边远地区和少数民族地区应用金融科技，通过发展助农取款终端等消除金融服务空白乡镇和金融服务空白行政村，通过优化网上银行或移动银行的应用终端程序，为边远地区、少数民族地区定制金融服务，降低了金融服务的门槛。

7.1.3 金融科技能有效提升农村普惠金融

根据中国人民银行对金融科技统计指标，从三个维度测度四川省三个样本市（州）各区（县）的金融科技应用水平，对金融科技提升农村普惠金融的三个层面的效果进行计量经济分析，得出金融科技的应用在地区经济的作用下能有效提升农村普惠金融的发展水平。通过边际效应的比较分析，相比经济发展对农户信贷增长的影响，金融科技应用对农户信贷规模的促进作用更明显；在普惠金融的各层次中，金融科技应用对结算账户规模的促进作用更明显。金融科技和经济在农村普惠金融发展的过程中相互抑制，因此在农村普惠金融发展的过程中，应加强金融科技的应用，最大化满足农村信贷市场的需要，防止经济与金融科技应用不协调而使农村资金外流。

7.1.4 DCEP发行意味着金融科技赋能农村普惠金融的发展成为大趋势

农村普惠金融的有效路径是"互联网+"的O2O（线上/线下）模式，通过金融科技创新发展农村普惠金融。尽管新兴的金融组织致力于全面发展数字普惠金融，但是农村地区的信息素养低，普惠金融的对象很难全面接受数字化金融服务，这使得线下金融网点的功能难以被移动银行完全替代。除此之外，金融科技应用下，通过金融服务搭载将为线下农村普惠金融网点或金融便利店节约大量的成本，因此，在农村普惠金融中应加强线下的金融网点或金融便利店的建设。与此同时，农村普惠金融的发展需要强化线上金融服务特别是移动金融的服务，以最大化节约金融交易的成本。

围绕农村普惠金融两种模式下的金融科技应用，普惠金融的发展应不断完善农村普惠金融体系，充分发挥各类金融组织在农村普惠金融中的作用，促进农村非现金交易和优化信贷风险管理，在乡村振兴战略的支持下，促进农村普惠金融和农村经济的协同发展。

总之，金融科技应用在促进农村普惠金融的发展时，农村金融也得到全面升级，更有利于满足新时代的农村金融需求。

7.2 政策建议

金融科技对促进农村普惠金融的发展有重要的作用。G20峰会提出发展数字普惠金融，而普惠金融的重点在农村，乡村振兴等国家经济战略要求加快普惠金融发展。根据前面对普惠金融发展路径的研究，结合我国和四川省普惠金融的特征，应用金融科技发展农村普惠金融的政策建议有以下几个方面：

7.2.1 加强财政对农村普惠金融发展的支持

我国农村经济发展不平衡，农村金融呈现多样化的特征。财政政策在加快农村普惠金融的发展中发挥了积极的作用，为进一步发挥好财政政策的杠杆作用，根据财政政策的惠民生、保基本、有重点、可持续的原则，进一步完善农村普惠金融相关的财政政策，具体的财税政策有四个方面。

7.2.1.1 设立财政专项资金

财政专项资金主要用于保障国家宏观政策的执行。由于农业在我国的基础性地位以及农村金融基础设施不足，我国在农村金融体系中专门设立了金融组织——中国农业发展银行，运用管理专项资金，保障国家的宏观经济政策的实施，即由专门的组织进行专款专用。专项项目具有重大的社会价值，在实践中需要确保项目的执行达到预期目标，但由于其直接的经济效益不显著，其他财政政策又未能强有力地保障项目实施，项目收益低甚至属于公共品，无法在市场上获得融资，如脱贫攻坚战略下的扶贫基金。财政专项资金也可以委托商业银行等金融组织代管，但必须专款专用。

7.2.1.2 制定财政专项补贴

相比财政专项资金的直接拨款，财政专项补贴作为一种激励政策，广泛用于市场失灵或市场机制不健全的情况，促进国家宏观经济政策的实施，提高项目的期望收益。在财政专项补贴下，农户和金融机构共担市场风险，互利共赢。如在粮食生产的借贷中，粮食等作物是社会发展中具有基础性作用的项目，作物生产周期长，项目收益低，依靠市场的作用，其预期收益难以达到金融交易的成本，因此，通过专项补贴，鼓励农户种植粮食，提高粮食的预期收益，促进农村金融机构向此类项目发放贷款，发展粮食产业，保障我国的粮食安全。

在农村金融市场不健全的情况下，财政专项补贴也常用于提高农村金融机构在农业贷款中的预期收益，促进金融机构降低农户的金融交易门槛，帮助农户获得农业信贷；此外，为了避免政府对市场的过多干预，根据农业生产的特点，财政专项补贴采用涉农保险的方式进行，以保代补，降低农业生产的风险，提高农业贷款的预期收益。当投放的农业信贷因为不可预测的因素致使农户不能按期还款，财政专项补贴则减少了农村金融机构的信贷损失，降低了农村金融机构的金融风险。

7.2.1.3 实施财政专项奖励

财政专项补贴是根据项目特点实施补贴。根据经济学的理论，补贴会降低市场的效率，使生产要素不能得到最优的配置。因此，在降低金融成本的情形下，如果项目能在市场的作用机制下获得收益，则应采用以奖励代替补贴的方式，促进项目在市场的作用机制下运行，实现市场对生产要素的配置，让金融产品的价格由市场决定。

对农户的财政专项奖励减少了政府对市场的干预，有助于厘清政府和市场的关系，更好地兼顾市场的公平和效率。当财政专项奖励用于农户时，财政专项奖励有利于减少农产品市场的失灵；当财政专项奖励用于奖励农村金融机构发放农业信贷时，则会减少农村金融的市场失灵，让农村金融组织通过市场机制对金融资源进行配置，提高农村金融组织参与市场的竞争意识，促进农村金融组织通过金融创新赢得市场竞争力，增强农村金融市场的活力；当财政专项奖励用于基层政府时，财政专项奖励用于激励政府和社会资本合作 PPP 项目，如农村电子商务示范项目等。

7.2.1.4 完善财政贴息政策

财政贴息主要是针对具有农业特色优势、市场前景好或示范作用强的项目进行财政贷款贴息，如现代农业示范基地、专家大院等。由于该类项目在运营初期收益低，为了激励农村金融机构向该类项目提供信贷，帮助农村金融机构实现支农和正常利润的统一，采用贷款利息补贴的方式支持农村普惠金融的发展。因此，财政贴息的关键问题是贴息项目和贴息程度的确定，以及围绕相关问题的贴息政策、贴息制度的建立和完善。财政贴息有两种渠道：一种是向农户或中小企业提供贷款贴息，激励其运用金融的手段开展经济活动，提高农户对普惠金融的参与度；另一种是向农村金融机构提供贷款贴息，激励金融机构以低利息为农户提供信贷，降低农户获得金融服务的成本。

应用金融科技的手段，确保财政按既定目标有效发展农村普惠金融。近年来，信息技术领域有多项前沿成果，如 DCEP 的使用、区块链技术、大数据分析、人工智能等，它们均可用于优化并落实财政政策。如利用区块链系统跟踪财政专项资金使用，并对其使用进行信息回溯，检测财政资金是否按预期目标进行使用；此外，在金融科技应用下，专项资金使用可以从产业链金融的角度采用大数据分析进行审查，减少财政政策执行过程中的信息不对称问题，防止各参与者出现逆向选择和道德风险，提高专项资金使用效率。

7.2.2 发挥税收政策对农村普惠金融的激励作用

由于农业生产要素的特点，农村普惠金融的主要对象是传统金融排斥的用户，尽管金融科技在普惠金融中的应用较大程度降低了农村金融交易的成本，乡村振兴等国家宏观经济政策的实施使农业经济活动更加频繁，但是，农村普惠金融盈利能力差、周期长的问题仍然存在。为了激励普惠金融更好地服务于农村，参与农村金融的金融机构积极开展金融创新，服务"三农"，调节税收政策对促进普惠金融的发展有积极的作用（汪晓文等，2018）。通过税收优惠引导农村金融向普惠金融发展，可以减少农村金融机构的运营成本，有四种具体措施：

7.2.2.1 根据国家战略不断完善普惠金融的税收政策

2018 年 6 月，国家税务总局发布了《支持脱贫攻坚税收优惠政策指引》（以下简称《指引》），其中有 6 个方面 4 类 15 项税收优惠政策推动普惠金融的发展。《指引》具体对税收优惠的主体、普惠金融的内容和税收优惠执行条件等进行了规定，使税收优惠的操作性更强，引导企业开展普惠金融。

随着国家新的宏观经济战略的实施，由于普惠金融在国民经济发展中的重要地位，其本身具有低盈利或不盈利的特点，国家需要根据经济的执行，结合金融科技对金融的影响，从顶层不断完善普惠金融的税收优惠政策，引导金融机构应用金融科技进行金融创新，从而将更多的金融资源更有效地用于发展普惠金融。

7.2.2.2 全面考虑产业供应链的普惠金融税收优惠

税收优惠有利于减少金融机构在普惠金融方面的运营成本，引导金融机构将更多的金融资源用于普惠金融。但是，农村普惠金融的发展不仅有金融供给市场的发展，金融需求市场的发展同样重要。因此，普惠金融的税收优惠不仅是对金融机构税收优惠，其在产业上的税收优惠更有利发展农村金融需求，如涉农产品加工等企业的税收优惠，不仅从市场的角度发展农业，也通过自身或其产业链，促进农村普惠金融的发展。

7.2.2.3 根据国家宏观经济战略的需要，提供多方面的普惠金融税收优惠策略

金融科技的应用促使更多的金融机构和非金融组织参与到农村普惠金融中。金融组织和金融服务的多元化，使过去仅仅针对农村金融机构的普惠金融税收优惠呈现了较大的局限性，而应用金融科技将金融服务融入农村普惠金融中的金融组织，多为实力较强的中国工商银行等国有大型金融机构，或为金融创新能力强的新型金融组织或电子商务平台转型金融等科技创新能力强且以数据驱动的非银行业组织，因此，普惠金融的税收优惠政策需要扩大税收优惠范围，实施以普惠金融服务为对象的税收，才能更有利于激励各金融组织参与农村普惠金融，促进农村金融公平、公正的金融市场环境的形成，有利于更好地发挥普惠金融税收的调节作用。

7.2.2.4 培育农村普惠金融市场，避免普惠金融中税收优惠"一刀切"

"二元金融"下，农村普惠金融市场原本缺乏活力，因此，农村普惠金融发展的重要渠道是激励各类金融组织参与农村金融市场。根据农村金融的特点对市场进行细分，为农村金融提供各层次的金融服务。税收优惠的"一刀切"，偏爱大中型金融组织，使大中型金融组织在政策等多种优势下，迅速走向农村金融市场的垄断，最终降低了农村金融市场的效率。因此，需要充分应用税收优惠对农村普惠金融的调节作用，根据国家的宏观经济战略，通过技术的手段对农村金融市场的税收进行差异化管理，促进中小型农村金融组织通过技术创新，发展普惠金融。

7.2.3 采用货币政策助推农村普惠金融发展

货币政策是促进农村普惠金融发展的重要手段之一，中国人民银行通过货币政策向市场释放经济信号，引导金融机构发展普惠金融，落实国务院下发的《推进普惠金融发展规划（2016—2020年）》（以下简称《规划》），需要发挥好四种货币政策的作用。

7.2.3.1 存款准备金

为了银行之间进行支付清算、结算，中国人民银行要求商业银行按照其负债的一定比例，将资金存放在央行。除支付清算和结算外，国家利用存款准备金的手段，对经济进行调节，执行货币宽松或紧缩政策，以引导市场经济的发展。2015年，国家对农村金融机构实施定向降准，以发展普惠金融；2017年，国家扩大定向降准的范围，对金融机构的普惠金融的贷款余额进行考察，如果是贷款余额或增量占比较上一年超过1.5%的商业银行，降低自身存款准备金率0.5%；如果是贷款余额或增量占比达到10%的商业银行，降低自身存款准备金率1%。经过2018年的运行，6个大型国有商业银行（含邮政储蓄银行）达到定向降准的条件。因此，普惠金融的货币政策由农村金融机构发展到农村金融服务，激励更多的金融组织参与农村普惠金融的发展。

7.2.3.2 抵押补充贷款

中国人民银行利用货币政策工具，根据普惠金融属于国民经济重点领域、薄弱环节和社会事业发展等重点领域，对发展普惠金融的金融机构提供期限较长的大额融资。中国人民银行2014年设立了抵押补充贷款，2015年将抵押补充贷款的对象扩大至中国农业发展银行，支持中国农业发展银行发展普惠金融。

7.2.3.3 再贴现、再贷款以及中期借贷便利

中国人民银行各分支机构，针对农村普惠金融发展中的涉农小企业的信贷，向金融机构提供票据再贴现，促进金融机构对涉农企业的票据融资的支持，通过票据再贴现引导资金流向；中国人民银行为充分发挥农村普惠金融的支农支小的作用，通过支农再贷款和支小再贷款，降低普惠金融信贷在"支农""支小"的交易成本，鼓励金融机构向"三农"或"小微企业"提供信贷；此外，中国人民银行于2014年设立中期借贷便利，通过中期借贷便利，引导符合宏观审慎管理要求的金融组织，加大对"支农""支小"等重点领域和薄弱环节的支持力度。

7.2.3.4 利率政策

利率作为重要的经济杠杆，在国家宏观调控体系中将发挥重要的作用。在

普惠金融的发展中，国家通过利率政策，调整金融机构法定存贷款利率，以此降低普惠金融的信贷交易成本；根据普惠金融项目的社会价值和风险，设置金融机构存贷款利率的浮动范围，同时实行利率管制，防止利息负担和收益的扭曲；实施差异化的利率作为农村金融市场的导向，通过利率引导信贷去发展普惠金融。

7.2.4　实施积极的人才政策，建立人才引领的长效机制

金融科技应用于普惠金融的发展，其核心问题是金融创新问题，通过金融创新降低普惠金融的交易成本，促进农村普惠金融的供给和金融需求的协调发展，在此过程中，人才是实施金融创新的关键，其人才政策应从以下四个方面施行：

7.2.4.1　加强人才培养，引领金融创新

G20杭州峰会强调数字普惠金融，应用金融科技实施金融创新是主要渠道，普惠金融产生了对金融科技人才大量的需求①。在人才培养方面，通过政策激励，强化金融对兼有金融和科技的复合型人才的需求，通过政策传导，促使高校等相关科研机构加强对学科交叉点的金融和科技的双重能力人才的培养，如"全国高校普惠金融人才成长计划"等人才政策，从源头上培养一批能引领数字普惠金融的高精尖人才，实施金融创新推动农村普惠金融的发展。

7.2.4.2　实施政策优惠，储备高素质人才

金融组织需要不断完善人才管理制度，加强对金融科技人才的引进、激励和保障，促进金融科技人才引领金融创新，为农村普惠金融进行金融工具创新，促进金融组织提供既能满足农户需求，又能有效遏制金融风险、真正具有降低普惠金融交易成本的金融服务。在金融创新的过程中，保护金融创新的知识产权，推动金融科技成果的共享，充分发挥金融创新的示范作用，带动行业的金融创新，推动农村普惠金融的发展。

7.2.4.3　建立健全县、乡、村的普惠金融人才培养体系

数字普惠金融对普惠金融的升级，要求全面加强人才的培养。现有基层的普惠金融人才参差不齐，在顶层数字普惠金融人才缺乏的情形下，基层数字普惠金融人才缺口更大，而数字普惠金融的实施需要系统性地加强金融人才体系的建设。因此，基层金融组织应制定有效的激励政策，挖掘现有金融人才的优

---

① 时晨. 普惠金融人才供求错位分析及对策研究：以陕西省为例［J］. 改革与开放，2017（8）：3-4.

势，加强综合素质培养，着力培养精通金融规则、具有管理能力和金融科技应用能力的复合型金融人才；针对农村普惠金融信贷难的问题，发展一批信贷人员对农户进行精准的金融帮扶，帮助其获得信贷，以此推动数字普惠金融的实施。

7.2.4.4 培养"金融通"的农村基层领导和大学生村干部

加强金融知识普及，将普惠金融的人才培养战略渗透到相关产业、农业经济中，有计划地将普惠金融的知识渗透到农村基层领导的培训，通过农村基层领导宣传农村普惠金融知识，带领农户等参观具有金融示范效应的小微企业示范点、农村电子商务示范点等，结合农村金融机构信贷员的帮扶，全面提高农户的金融素养。

7.3 研究展望

应用金融科技发展普惠金融，是数字普惠金融的重要组成部分，也是金融供给侧结构性改革的重要内容。本书对金融科技对普惠金融的作用机理、效应和路径，对应用金融科技发展农村普惠金融进行了有益的探索，本书在以下方面还有待进一步有研究：

（1）金融科技在短期内经历了技术发展、电子支付应用和互联网金融等一系列发展，促进了金融业对信息技术的应用，也促进了信息科技企业、电子商务企业参与金融服务，这些发展历程使金融科技的含义更为广泛。本书主要研究了农村普惠金融中的金融科技应用，即农村银行业的存、贷、汇等基本金融服务中的金融科技应用，因此，本书将金融科技的研究集中在银行业的技术应用。在后期的研究中，如果综合评价金融科技的发展水平，则在技术方面应加入大数据、人工智能、区块链和云计算等技术的发展和应用水平；在企业方面则应加入金融科技企业的个数、企业的投资/融资规模；在金融方面应将农业保险等进行综合评价，以全面衡量金融科技的应用水平。

（2）金融科技的应用推动了数字普惠金融的发展，但是，我国关于数字普惠金融的水平主要是通过支付宝的渗透率进行计算所得。而农村金融机构是农村普惠金融的主体，本书综合传统的普惠金融指标体系和数字普惠金融指标体系，在传统普惠金融的综合评价中加入了银行业的移动用户等作为普惠金融广度的测度内容。后期的研究中，应对农村普惠金融水平进行更全面的评价，农村普惠金融的指标体系也有待进一步研究。

（3）以四川省为例分析金融科技对农村普惠金融的影响效应时，核心变量金融科技和经济的交互效应对农村普惠金融的作用为负，尽管在计量的有关文献研究中，Cohen（2003）认为这是三种调节效应中的一种，是影响因素之间的相互抑制；但在实践中，也存在经济和金融科技共同发展的过程中，部分地区的资金外流严重，降低了农村普惠金融的水平。该问题蕴含的更深层次的含义，还有待进一步深入研究。

（4）发展数字普惠金融的优势在于充分利用信息技术的外部性，如移动支付降低金融交易成本是建立在移动网络和移动设备等没有计入金融交易成本的基础上，因此，农村普惠金融的发展是系统性的、跨界的全面发展，在研究应用金融科技发展农村普惠金融的路径中，需要进一步从系统的角度综合分析应用金融科技发展农村普惠金融的薄弱环节，加强对薄弱环节的建设和发展才能更快更好地推动农村普惠金融的发展。

参考文献

[1] 安宇宏. 普惠金融 [J]. 宏观经济管理, 2017 (1): 86-86.

[2] 巴红静, 管伟军. 我国农村信贷资金外流问题探析 [J]. 农村经济, 2009 (12): 66-70.

[3] 白钦先, 张坤. 再论普惠金融及其本质特征 [J]. 广东财经大学学报, 2017 (3): 39-44.

[4] 蔡洋萍. 湘鄂豫中部三省农村普惠金融发展评价分析 [J]. 农业技术经济, 2015 (2): 42-49.

[5] 陈剑波. 重建农村金融体系需要破解的难题 [J]. 农业经济问题, 2004 (11): 23-27.

[6] 陈明聪, 陈岱松. 我国新型金融组织创新发展研究 [J]. 亚太经济, 2017 (1): 46-52.

[7] 陈鹏, 刘锡良. 当前农村金融利率机制是有效的吗? [J]. 中国农村经济, 2009 (11): 39-49.

[8] 陈淑云, 陶云清. "互联网+"、普惠金融与技术创新: 影响机制及经验证据 [J]. 科技进步与对策, 2019, 36 (4): 17-24.

[9] 陈伟钢, 李关政. 银行4.0时代即将到来 [J]. 银行家, 2015 (19): 60-62.

[10] 陈正源. 现阶段推进我国金融精准扶贫的对策研究: 基于贵州省的实践探索 [J]. 中国海洋大学学报 (社会科学版), 2018, 162 (4): 102-107.

[11] 崔海燕. 互联网金融对中国居民消费的影响研究 [J]. 经济问题探索, 2016 (1): 162-166.

[12] 董晓林, 朱敏杰. 农村金融供给侧改革与普惠金融体系建设 [J]. 南京农业大学学报 (社会科学版), 2016, 16 (6): 14-18, 152.

[13] 杜强, 潘怡. 普惠金融对我国地区经济发展的影响研究: 基于省际

面板数据的实证分析 [J]. 经济问题探索, 2016 (3): 178-184.

[14] 杜晓山. 小额信贷的发展与普惠性金融体系框架 [J]. 中国农村经济, 2006 (8): 70-73.

[15] 杜兴洋, 杨起城, 易敏. 信息通信技术对普惠金融发展的影响: 基于 2007—2016 年省级面板数据的实证分析 [J]. 江汉论坛, 2018 (12): 38-47.

[16] 付敏. 我国农村金融问题讨论综述 [J]. 经济理论与经济管理, 2007 (5): 76-80.

[17] 傅秋子, 黄益平. 数字金融对农村金融需求的异质性影响: 来自中国家庭金融调查与北京大学数字普惠金融指数的证据 [J]. 金融研究, 2018, 461 (11): 68-84.

[18] 郭田勇, 丁潇. 普惠金融的国际比较研究: 基于银行服务的视角 [J]. 国际金融研究, 2015 (2): 55-64.

[19] 郭兴平. 基于电子化金融服务创新的普惠型农村金融体系重构研究 [J]. 财贸经济, 2010 (3): 13-19.

[20] 贺富海, 马宇翔. 农行应加强和改善对信用社的领导 [J]. 金融研究, 1986 (11): 54-57.

[21] 贺建清. 金融科技: 发展, 影响与监管 [J]. 金融发展研究, 2017 (6): 54-61.

[22] 洪娟, 曹彬, 李鑫. 互联网金融风险的特殊性及其监管策略研究 [J]. 中央财经大学学报, 2014 (9): 42-46.

[23] 胡滨. 数字普惠金融的价值 [J]. 中国金融. 2016 (22): 59-60.

[24] 黄英君, 胡国生. 金融扶贫, 行为心理与区域性贫困陷阱: 精准识别视角下的扶贫机制设置 [J]. 西南民族大学学报 (人文社会科学版), 2017 (2): 1-10.

[25] 纪玉山. 网络经济的崛起: 经济学面临的新挑战 [J]. 经济学动态, 1998 (5): 3-8.

[26] 焦瑾璞. 普惠金融的国际经验 [J]. 中国金融, 2014 (10): 68-70.

[27] 焦瑾璞, 黄亭亭, 汪天都, 等. 中国普惠金融发展进程及实证研究 [J]. 上海金融, 2015 (4): 12-22.

[28] 靳淑平. 现代农业视角下的农业信贷需求与供给研究 [D]. 北京: 中国农业科学院, 2015: 16.

[29] 柯达. 货币法偿性的法理逻辑与制度反思: 兼论我国法定数字货币

的法偿性认定 [J]. 上海财经大学学报, 2020, 22 (6): 123-139.

[30] 孔祥毅. 中国银行业的先驱: 钱铺钱庄银号 [J]. 中国金融, 2010 (12): 92-93.

[31] 李明贤, 唐文婷. 农村金融成长路径、农户金融参与和融资约束缓解 [J]. 管理世界, 2017 (4): 178-179.

[32] 李明贤, 叶慧敏. 普惠金融与小额信贷的比较研究 [J]. 农业经济问题, 2012 (9): 46-51, 113.

[33] 李培峰. 脱贫攻坚的金融服务创新 [J]. 中国金融, 2016 (4): 40-42.

[34] 李祺, 许舜威. 我国普惠金融空间差异及影响要素分析 [J]. 郑州大学学报 (哲学社会科学版), 2018 (9): 67-71.

[35] 李涛, 徐翔, 孙硕. 普惠金融与经济增长 [J]. 金融研究, 2016 (4): 1-16.

[36] 李文红, 蒋则沈. 金融科技发展与监管: 一个监管者的视角 [J]. 金融监管研究, 2017 (3): 1-13.

[37] 刘光星. "区块链+金融精准扶贫": 现实挑战及其法治解决路径 [J]. 农业经济问题, 2020 (9): 16-30.

[38] 刘积余, 赵霜茁. 西部农村金融服务创新问题探讨 [J]. 河南金融管理干部学院学报, 2009, 27 (3): 73-77.

[39] 刘家悦. 金融理财产品在农村地区推广的路径 [J]. 云南社会科学, 2014 (6): 65-68.

[40] 刘金龙. 改进农信银支付清算系统 [J]. 中国金融, 2012 (5): 95.

[41] 刘澜飚, 沈鑫, 郭步超. 互联网金融发展及其对传统金融模式的影响探讨 [J]. 经济学动态, 2013 (8): 73-83.

[42] 刘萍萍, 钟秋波. 我国农村普惠金融发展的困境及转型路径探析 [J]. 四川师范大学学报 (社会科学版), 2014, 41 (6): 33-40.

[43] 刘语嫣, 浅析我国民间借贷的现状和对策 [J]. 财经界 (学术版), 2017 (3): 32-33, 35.

[44] 龙海明, 赵红梅. 银行卡支付方式对城镇居民消费的平滑效应研究: 基于 STR 模型的实证分析 [J]. 财经理论与实践, 2016, 37 (6): 9-15.

[45] 鲁钊阳. P2P 网络借贷能解决农户贷款难问题吗? [J]. 中南财经政法大学学报, 2016 (2): 149-156.

[46] 罗剑朝, 曹燕子, 曹瓅. 加大农村金融市场开放力度推进农村金融

创新与发展："农村金融创新与发展"国际学术会议综述 [J]. 西北农林科技大学学报（社会科学版），2015，15（1）：1-7.

[47] 罗斯丹，陈晓，姚悦欣. 我国普惠金融发展的减贫效应研究 [J]. 当代经济研究，2016（12）：84-93.

[48] 吕家进. 发展数字普惠金融的实践与思考 [J]. 清华金融评论，2016（12）：22-25.

[49] 马洪范，商瑾. 构建普惠金融体系的财政思考 [J]. 中国金融，2010（10）：16-17.

[50] 马九杰，薛丹琦. 信息通信技术应用与金融服务创新：发展中国家经验分析 [J]. 贵州社会科学，2012（6）.

[51] 马小明，沈洪，王红莉. 商洛市涉农金融机构有效信贷需求不足的根源研究：基于 905 户农户的 Logit 分析 [J]. 金融发展评论，2014（7）：104-118.

[52] 马智涛，姚辉亚. 金融科技助力普惠金融发展 [J]. 银行家，2017（2）：42-44.

[53] 穆杰. 央行推行法定数字货币 DCEP 的机遇、挑战及展望 [J]. 经济学家，2020（3）：95-105.

[54] 牛慕鸿. 银行卡支付系统的信息成本，兼容使用及交换费：基于同一双边市场平台的借记卡与信用卡竞争研究 [J]. 金融研究，2010（8）：81-93.

[55] 潘晓健，杜莉. 以供给侧结构性改革推动我国农村普惠金融向纵深发展 [J]. 经济纵横，2017（2）：17-21.

[56] 彭向升，祝健. 促进中国农村普惠金融发展的思路探讨 [J]. 农业经济，2017（4）：94-96.

[57] 齐浩志，徐伟. 论互联网金融在农村企业融资理财中的运用 [J]. 云南社会科学，2016（3）：79-83.

[58] 任碧云，张彤进. 移动支付能够有效促进农村普惠金融发展吗：基于肯尼亚 M-PESA 的探讨 [J]. 农村经济，2015（5）：123-129.

[59] 任兆璋，郁方. 中国农村的行政性金融垄断：症结与消解 [J]. 学术研究，2008（1）：85-90.

[60] 宋晓玲. 数字普惠金融缩小城乡收入差距的实证检验 [J]. 财经科学，2017（6）：20-31.

[61] 粟芳，方蕾. 中国农村金融排斥的区域差异：供给不足还是需求不

足：银行、保险和互联网金融的比较分析 [J]. 管理世界，2016（9）：70-83.

[62] 粟勤，肖晶. 中国银行业市场结构对金融包容的影响研究：基于区域经济发展差异化的视角 [J]. 财经研究，2015，41（6）：32-45.

[63] 孙杰，贺晨. 大数据时代的互联网金融创新及传统银行转型 [J]. 财经科学，2015（1）：11-16.

[64] 谭文培. 基于"三位一体"视角的农村普惠金融体系构建 [J]. 湖南科技大学学报（社会科学版），2013，16（6）：85-88.

[65] 唐晓旺. "互联网+"背景下农村金融机构转型与创新 [J]. 中州学刊，2015（12）：50-54.

[66] 陶建平，黄晓晨，程静. 信息化发展水平对湖北省县域普惠金融的影响 [J]. 江苏农业科学，2017（19）：366-370.

[67] 田杰，刘勇，刘蓉. 信息通信技术、金融包容与农村经济增长 [J]. 中南财经政法大学学报，2014（2）：112-118.

[68] 田杰，陶建平. 社会经济特征、信息技术与农村金融排除：来自我国 1765 个县（市）的经验证据 [J]. 当代经济科学，2012（1）：58-65.

[69] 田婧倩，刘晓星. 金融科技的社交网络关注：理论模型及其实证分析 [J]. 金融论坛，2019，24（1）：67-80.

[70] 汪晓文，叶楠，李紫薇. 普惠金融的政策导向与引领：以税收为例 [J]. 宏观经济研究，2018（2）：21-29.

[71] 王峰虎，谢小平. 农村金融发展中的市场失灵、政府失灵与财政对策 [J]. 软科学，2010，24（5）：64-67.

[72] 王刚贞，江光辉. "农业价值链+互联网金融"的创新模式研究：以农富贷和京农贷为例 [J]. 农村经济，2017（4）：49-55.

[73] 王广宇，何俊妮. 金融科技的未来与责任 [J]. 南方金融，2017（3）：14-17.

[74] 王宏起，徐玉莲. 科技创新与科技金融协同度模型及其应用研究 [J]. 中国软科学，2012（3）：129-138.

[75] 王劲屹，张全红. 邮政储蓄银行服务"三农"之改革思路探讨：兼与农信社竞争力之比较分析 [J]. 农村经济，2014（12）：51-55.

[76] 王婧，胡国晖. 中国普惠金融的发展评价及影响因素分析 [J]. 金融论坛，2013，18（6）：31-36.

[77] 王丽辉. 金融科技与中小企业融资的实证分析：基于博弈论的视角 [J]. 技术经济与管理研究，2017（2）：93-97.

[78] 王伟, 朱一鸣. 普惠金融与县域资金外流: 减贫还是致贫: 基于中国 592 个国家级贫困县的研究 [J]. 经济理论与经济管理, 2018, 37 (1): 98-108.

[79] 王伟. 打造大数据, 互联网金融产业基地: 贵州谋划 "面向未来" 的金融产业生态 [J]. 金融电子化, 2014 (8): 88-89.

[80] 王晓. 国际组织对数字普惠金融监管的探索综述 [J]. 上海金融, 2016 (10): 75-77.

[81] 王昕宇, 黄海峰, 迟远英. 基于面板数据模型的生态足迹与县域经济增长关系: 以四川省宜宾市为例 [J]. 农村经济, 2018 (2): 39-44.

[82] 王修华, 郭美娟. 金融包容视角下农村手机银行发展探讨 [J]. 农业经济问题, 2014 (9): 61-68.

[83] 王颖, 曾康霖. 论普惠: 普惠金融的经济伦理本质与史学简析 [J]. 金融研究, 2016 (2): 37-54.

[84] 王禹人, 赵乌兰. 金融科技发展与风险监管策略 [J]. 北方金融, 2018 (1): 105-108.

[85] 乌家培. 网络经济及其对经济理论的影响 [J]. 学术研究, 2000 (1): 5-11.

[86] 乌家培. 信息经济学若干问题 [J]. 华侨大学学报 (哲学社会科学版), 2002 (2): 5-14.

[87] 乌家培. 信息资源与信息经济学 [J]. 情报理论与实践, 1996 (4): 4-6.

[88] 吴本健, 毛宁, 郭利华. "双重排斥" 下互联网金融在农村地区的普惠效应 [J]. 华南师范大学学报: 社会科学版, 2017 (1): 94-100.

[89] 吴国华. 进一步完善中国农村普惠金融体系 [J]. 经济社会体制比较, 2013 (4): 32-45.

[90] 吴金旺, 郭福春, 顾洲一. 数字普惠金融发展影响因素的实证分析: 基于空间面板模型的检验 [J]. 浙江学刊, 2018 (3): 136-146.

[91] 吴竞择. 金融外部性的性质 [J]. 金融经济学研究, 2001, 16 (3): 7-10.

[92] 吴志荣. 谈谈科研选题和研究方法 [J]. 上海高校图书情报工作研究, 2017 (4): 8-9.

[93] 伍旭川, 肖翔. 基于全球视角的普惠金融指数研究 [J]. 南方金融, 2014 (6): 15-20.

[94] 夏智灵，周伟. 安全第一：网络银行（SFNB）的营销策略分析 [J]. 新金融，2001（6）：30-31.

[95] 向坤，王公博. 央行法定数字货币发行的驱动力、影响推演及政策建议 [J]. 财经问题研究，2021（1）：64-73.

[96] 谢平. 中国农村信用合作社体制改革的争论 [J]. 金融研究，2001（1）：1-13.

[97] 谢平，邹传伟. 互联网金融模式研究 [J]. 金融研究，2012，12（11）：11-22.

[98] 谢铉洋，孙娟，袁菲等. 长尾视角下的普惠金融发展研究 [J]. 金融纵横，2015（1）：61-68.

[99] 谢治春，赵兴庐，刘媛. 金融科技发展与商业银行的数字化战略转型 [J]. 中国软科学，2018（8）：184-192.

[100] 星焱. 普惠金融：一个基本理论框架 [J]. 国际金融研究，2017，353（1）：21-37.

[101] 徐光顺，蒋远胜，王玉峰. 技术与农户普惠金融 [J]. 农业技术经济，2018（4）：98-110.

[102] 晏海运. 中国普惠金融发展研究 [D]. 北京：中共中央党校，2013.

[103] 杨乙丹. 汉代官方农业放贷：发展趋势、运行结构与制度审视 [J]. 中国农史，2017（4）：66-74.

[104] 杨哲，黄迈. 农村基础金融服务模式及其创新 [J]. 重庆社会科学，2013（11）：88-93.

[105] 姚凤阁，董晓红. 传统与新型农村金融机构垄断竞争博弈分析 [J]. 学习与探索，2013（10）：103-106.

[106] 姚耀军. 中国农村金融发展状况分析 [J]. 财经研究，2006，32（4）：103-114.

[107] 尹志超，彭嫦燕，里昂安吉拉. 中国家庭普惠金融的发展及影响 [J]. 管理世界，2019，35（2）：74-87.

[108] 游春，巴曙松. 我国农村建设社区银行的相关问题研究 [J]. 现代经济探讨，2014（5）：35-39.

[109] 于建忠，田东林. 供给侧改革下金融业服务"三农"的路径探析 [J]. 宏观经济管理，2017（3）：70-72.

[110] 袁翔珠. 广西民间金融互助组织研究 [J]. 广西社会科学，2014

（5）：22-27.

[111] 张兵，张宁. 农村非正规金融是否提高了农户的信贷可获性：基于江苏 1202 户农户的调查 [J]. 中国农村经济，2012（10）：58-68.

[112] 张贺，白钦先. 数字普惠金融减小了城乡收入差距吗：基于中国省级数据的面板门槛回归分析 [J]. 经济问题探索，2018（10）：122-129.

[113] 张晓琳. 普惠金融视角下农户信贷供需障碍及改进研究：以山东省为例 [D]. 济南：山东农业大学，2018.

[114] 张燕，邹维. 破除我国农村金融垄断格局的新思考：以支持湖北省现代农业发展为视角 [J]. 湖北社会科学，2009（1）：68-71.

[115] 张永林. 互联网，信息与复制经济 [J]. 系统工程理论与实践，2016，36（9）：2216-2225.

[116] 张永林. 网络，信息池与时间复制：网络复制经济模型 [J]. 经济研究，2014（2）：171-182.

[117] 张宇，赵敏. 农村普惠金融发展水平与影响因素研究：基于西部六省的实证分析 [J]. 华东经济管理，2017，31（3）：77-82.

[118] 张云. 农村土地产权改革背景下"三农"金融服务创新的思考 [J]. 当代农村财经，2015（10）：56-61.

[119] 张正平，夏海，芮立平，等. 贫困地区普惠金融发展的探索与思考：基于青海省 8 个区县的调研 [J]. 华南师范大学学报（社会科学版），2019（1）：74-81，190-191.

[120] 张正平，杨丹丹. 市场竞争、新型农村金融机构扩张与普惠金融发展：基于省级面板数据的检验与比较 [J]. 中国农村经济，2017（1）：32-45，96.

[121] 赵爱敏. 论电子货币与传统银行业的关系 [J]. 国际金融研究，1998（9）：75-77.

[122] 赵洪江，李治刚，黄建. 城乡统筹进程中农村信用社的金融服务创新研究 [J]. 农村经济，2008（5）：88-90.

[123] 中国银行西藏自治区分行课题组. 普惠金融现状分析及商业银行发展策略思考 [J]. 国际金融，2018（2）：48-56.

[124] 中国银监会合作部报告组. 普惠金融发展的国际经验及借鉴 [J]. 中国农村金融，2014（2）：78-82.

[125] 周虹. 手机支付：我国支付领域金融科技发展策略选择 [J]. 中央财经大学学报，2009（7）：36-39.

[126] 周孟亮, 张国政. 基于普惠金融视角的我国农村金融改革新方法 [J]. 中央财经大学学报, 2009 (6): 37-42.

[127] 周振, 伍振军, 孔祥智. 中国农村资金净流出的机理、规模与趋势: 1978—2012 年 [J]. 管理世界, 2015 (1): 63-74.

[128] 朱一鸣, 王伟. 普惠金融如何实现精准扶贫? [J]. 财经研究, 2017 (10): 45-56.

[129] 邹伟, 凌江怀. 普惠金融与中小微企业融资约束: 来自中国中小微企业的经验证据 [J]. 财经论丛, 2018 (6): 36-47.

[130] ANAND S. KODAN, KULDIP S. Chhikara. A Theoretical and Quantitative Analysis of Financial Inclusion and Economic Growth [J]. Management & Labour Studies, 2013 (1-2): 103-133.

[131] ARNER D W, BARBERIS J, BUCKLEY R P. The evolution of Fintech: A new post-crisis paradigm [J]. Geo. J. Int'IL., 2015 (47): 1271-1317.

[132] BANSAL S. Perspective of Technology in Achieving Financial Inclusion in Rural India [J]. Procedia Economics and Finance, 2014, 11: 472-480.

[133] BECK T, DEMIRGUC-KUNT A, MARTINEZ PERIA M. Reaching out: Access to and use of banking services across countries [J]. Journal of Financial Economics, 2007, 85 (1): 234-266.

[134] BECK T, DEMIRGUCKUNT A, HONOHAN P. Access to Financial Services [J]. World Bank Research Observer, 2009, volume 24 (1): 119-145.

[135] BETTINGER A. Fintech: A series of 40 time shared models used at Manufacturers Hanover Trust Company [J]. Interfaces, 1972: 62-63.

[136] ANDERSON C. The Long Tail: Why The Future Of Business Is Selling Less Of More [M]. New York: Hyperion, 2006.

[137] CHAKRABARTY K C. Financial Inclusion: Issues in Measurement and Analysis [C]. Keynote address, BIS-BNM Workshop on Financial Inclusion Indicators, Kuala Lumpur, November. 2012.

[138] CHEN L. From fintech to finlife: The case of fintech development in China [J]. China Economic Journal, 2016, 9 (3): 225-239.

[139] CORRADO G, CORRADO L. Inclusive finance for inclusive growth and development [J]. Current Opinion in Environmental Sustainability, 2017, 24: 19-23.

[140] CRACKNELL D. Electronic banking for the poor-panacea, potential and

pitfalls [J]. Small Enterprise Development, 2004, 15 (4): 8-24.

[141] DAPP T, et al. Fintech: The digital (r) evolution in the financial sector [R]. Deutsche Bank Research, Frankfurt am Main, 2014.

[142] DAPP T F, SLOMKA L, AG D B, et al. Fintech reloaded-Traditional banks as digital ecosystems [R]. Publication of the German original, 2015.

[143] DAPP, THOMAS, et al. Fintech—The digital (r) evolution in the financial sector [M].

[144] DAVID-WEST O. The path to digital financial inclusion in Nigeria: Experiences of Firstmonie [J]. Journal of Payments Strategy & Systems, 2016, 9 (4): 256-273.

[145] DERMISH A, KNEIDING C, LEISHMAN P, et al. Branchless and mobile banking solutions for the poor: a survey of the literature [J]. innovations, 2011, 6 (4): 81-98.

[146] DIXIT A K, STIGLITZ J E. Monopolistic Competition and Optimum Product Diversity [J]. American Economic Review, 1977, 67 (3): 297-308.

[147] GABOR D, BROOKS S. The digital revolution in financial inclusion: international development in the fintech era [J]. New Political Economy, 2017, 22 (4): 423-436.

[148] GARG A K, PANDEY N. Making money work for the poor in India: Inclusive finance through bank-moneylender linkages [R]. Working paper, 2007.

[149] GEORGE A. The market for "Lemons": Quality uncertainty and the market mechanism [J]. Quarterly Journal of Economics, 1970, 84 (3): 488-500.

[150] GUO Y, LIANG C. Blockchain application and outlook in the banking industry [J]. Financial Innovation, 2016 (2): 1-12.

[151] HE DEXU, MIAO WENLONG. Financial Exclusion and Inclusive Finance [J]. China Economist, 2016, 36 (3): 64-76.

[152] HE F, MYKYTYN P P. Decision factors for the adoption of an online payment system by customers [J]. International Journal of E-Business Research (IJEBR), 2007, 3 (4): 1-32.

[153] HIDAYATI S. Cash-in and cash-out agents for mobile money in Indonesia [J]. innovations, 2011, 6 (4): 117-123.

[154] HUGHES N, LONIE S. M-PESA: mobile money for the "unbanked" turning cellphones into 24-hour tellers in Kenya [J]. Innovations, 2007, 2 (1-2):

63-81.

[155] IVATURY G. Using technology to build inclusive financial systems [J].
New Partnerships for Innovation in Microfinance, 2009: 140-164.

[156] KIAI R M, KIRAGU D N, KINYANJUI J K. The Effect of Business En-
vironment on Investment among Financially Included Youth in Kenya [J]. Interna-
tional Journal of Academic Research in Accounting, Finance and Management Sci-
ences, 2016, 6 (4): 109-121.

[157] KOTARBA M. New factors inducing changes in the retail banking cus-
tomer relationship management (CRM) and their exploration by the FinTech industry
[J]. Foundations of Management, 2016, 8 (1): 69-78.

[158] LEE I, SHIN Y J. Fintech: Ecosystem, business models, investment de-
cisions, and challenges [J]. Business Horizons, 2018, 61 (1): 35-46.

[159] LIÉBANACABANILLAS F, SÁNCHEZFERNÁNDEZ J, MUÑOZLEIVA
F, et al. Antecedents of the Adoption of the New Mobile Payment Systems: The Mod-
erating Effect of Age [J]. Computers in Human Behavior, 2014, 35 (2): 464-478.

[160] MA Y, LIU D. Introduction to the special issue on Crowdfunding and
FinTech [J]. Financial Innovation, 2017, 3 (8): 1-4.

[161] MACKENZIE A. The fintech revolution [J]. London Business School
Review, 2015, 26 (3): 50-53.

[162] MAS I, MORAWCZYNSKI O. Designing mobile money services lessons
from M-PESA [J]. Innovations, 2009, 4 (2): 77-91.

[163] METCALFE B. Metcalfe's law: A network becomes more valuable as it
reaches more users [J]. Infoworld, 1995, 17 (40): 53-53.

[164] MIGAP J P, OKWANYA I, OJEKA G. Financial inclusion for inclusive
growth: The Nigerian perspective [J]. International Journal of Information Technology
and Business Management, 2015, 37 (1): 1-8.

[165] MORAWCZYNSKI O. Exploring the usage and impact of "transformation-
al" mobile financial services: The case of M-PESA in Kenya [J]. Journal of Eastern
African Studies, 2009, 3 (3): 509-525.

[166] NATIONS UNIES. United Nations Capital Development Fund. Building
Inclusive Financial Sectors for Development [M]. New York: Nations Unies,
2006: 5.

[167] ONSONGO E, SCHOT J. Inclusive Innovation and Rapid Sociotechnical

Transitions: The Case of Mobile Money in Kenya [R]. SPRU - Science and Technology Policy Research, University of Sussex, 2017.

[168] PILKINGTON M. Does the FinTech Industry Need a New Risk Management Philosophy? A Sequential Blockchain-based Typology for Virtual Currencies and e-Money Services in Luxembourg [C]. 2016.

[169] REEVES M, SABHARWAL N. Microfinance and mobile banking for the bottom of the pyramid [J]. Journal of Enterprising Communities: People and Places in the Global Economy, 2013, 7 (2): 155-166.

[170] SARMA M, PAIS J. Financial inclusion and development [J]. Journal of international development, 2011, 23 (5): 613-628.

[171] SCHUEFFEL P. Taming the Beast: A Scientific Definition of Fintech [J]. Journal of Innovation Management, 2017, 4 (4): 32-54.

[172] SEIBEL H D. The story of inclusive banking [J]. Development Finance Agenda (DEFA), 2016, 2 (3-4): 16-17.

[173] Selected Readings on Electronic Commerce Technologies: Contemporary Applications: Contemporary Applications [M]. IGI Global, 2008: 352.

[174] SHIM Y, SHIN D H. Analyzing China's fintech industry from the perspective of actor-network theory [J]. Telecommunications Policy, 2016, 40 (2): 168-181.

[175] SOBEHART J R. The FinTech revolution: Quantifying earnings uncertainty and credit risk in competitive business environments with disruptive technologies [J]. Journal of Risk Management in Financial Institutions, 2016, 9 (2): 163-174.

[176] SUÁREZ S L. Poor people's money: The politics of mobile money in Mexico and Kenya [J]. Telecommunications Policy, 2016, 40 (10-11): 945-955.

[177] TADDESSE W, KIDAN T G. e-Payment: Challenges and opportunities in Ethiopia [J]. United Nations Economic Commission for Africa, 2005: 11-21.

[178] TAN G W H, OOI K B, CHONG S C, et al. NFC mobile credit card: the next frontier of mobile payment? [J]. Telematics and Informatics, 2014, 31 (2): 292-307.

[179] WILLIAMS M D, RODERICK S, DAVIES G H, et al. Risk, Trust, and Compatibility as Antecedents of Mobile Payment Adoption, Twenty-third Americas Conference on Information Systems, Boston, 2017 [C]. 2017: 1-10.

附录

附表1　德阳市、乐山市和阿坝州的普惠金融综合得分

地区	年度	RIFI1	RIFI2	RIFI3	RIFI	地区	年度	RIFI1	RIFI2	RIFI3	RIFI
峨边县	2012	0.03	0.12	0.42	0.09	沐川县	2015	0.04	0.27	0.21	0.08
峨边县	2013	0.05	0.16	0.42	0.11	沐川县	2016	0.04	0.31	0.20	0.09
峨边县	2014	0.06	0.18	0.43	0.12	沐川县	2017	0.04	0.36	0.25	0.10
峨边县	2015	0.08	0.22	0.37	0.13	广汉市	2012	0.16	0.14	0.20	0.16
峨边县	2016	0.09	0.24	0.37	0.14	广汉市	2013	0.15	0.22	0.34	0.19
峨边县	2017	0.09	0.29	0.40	0.15	广汉市	2014	0.26	0.33	0.51	0.30
峨眉山市	2012	0.06	0.28	0.34	0.12	广汉市	2015	0.39	0.39	0.58	0.41
峨眉山市	2013	0.06	0.31	0.33	0.12	广汉市	2016	0.41	0.43	0.57	0.43
峨眉山市	2014	0.06	0.37	0.35	0.12	广汉市	2017	0.45	0.46	0.58	0.47
峨眉山市	2015	0.06	0.39	0.35	0.12	罗江县	2012	0.10	0.38	0.32	0.16
峨眉山市	2016	0.05	0.44	0.37	0.13	罗江县	2013	0.14	0.42	0.36	0.19
峨眉山市	2017	0.07	0.54	0.46	0.16	罗江县	2014	0.20	0.49	0.41	0.25
夹江县	2012	0.02	0.27	0.24	0.08	罗江县	2015	0.29	0.51	0.39	0.32
夹江县	2013	0.06	0.37	0.34	0.12	罗江县	2016	0.37	0.54	0.38	0.38
夹江县	2014	0.07	0.47	0.40	0.14	罗江县	2017	0.19	0.23	0.38	0.22
夹江县	2015	0.09	0.50	0.40	0.16	绵竹市	2012	0.50	0.26	0.40	0.46
夹江县	2016	0.12	0.54	0.38	0.19	绵竹市	2013	0.62	0.28	0.37	0.53
夹江县	2017	0.10	0.58	0.41	0.18	绵竹市	2014	0.60	0.30	0.33	0.51
犍为县	2012	0.06	0.12	0.06	0.06	绵竹市	2015	0.66	0.33	0.27	0.54
犍为县	2013	0.05	0.17	0.10	0.07	绵竹市	2016	0.73	0.39	0.26	0.58
犍为县	2014	0.16	0.29	0.17	0.17	绵竹市	2017	0.19	0.23	0.38	0.22
犍为县	2015	0.14	0.38	0.23	0.17	什邡市	2012	0.18	0.23	0.37	0.21

地区	年度	RIFI1	RIFI2	RIFI3	RIFI	地区	年度	RIFI1	RIFI2	RIFI3	RIFI
犍为县	2016	0.08	0.44	0.22	0.13	什邡市	2013	0.25	0.29	0.39	0.28
犍为县	2017	0.11	0.52	0.29	0.17	什邡市	2014	0.34	0.29	0.37	0.34
井研县	2012	0.07	0.19	0.23	0.11	什邡市	2015	0.30	0.31	0.34	0.31
井研县	2013	0.03	0.28	0.29	0.09	什邡市	2016	0.36	0.33	0.33	0.35
井研县	2014	0.05	0.33	0.30	0.11	什邡市	2017	0.45	0.36	0.30	0.41
井研县	2015	0.05	0.32	0.25	0.10	中江县	2012	0.08	0.25	0.17	0.11
井研县	2016	0.06	0.35	0.21	0.11	中江县	2013	0.13	0.27	0.20	0.15
井研县	2017	0.05	0.36	0.21	0.10	中江县	2014	0.14	0.29	0.18	0.16
马边县	2012	0.02	0.08	0.19	0.05	中江县	2015	0.20	0.32	0.16	0.21
马边县	2013	0.03	0.14	0.21	0.07	中江县	2016	0.23	0.34	0.15	0.23
马边县	2014	0.04	0.17	0.21	0.08	中江县	2017	0.26	0.36	0.14	0.25
马边县	2015	0.04	0.18	0.10	0.06	阿坝州	2012	0.06	0.24	0.70	0.14
马边县	2016	0.05	0.18	0.08	0.06	阿坝州	2013	0.07	0.27	0.72	0.16
马边县	2017	0.05	0.23	0.11	0.07	阿坝州	2014	0.08	0.36	0.73	0.17
沐川县	2012	0.02	0.20	0.19	0.06	阿坝州	2015	0.08	0.39	0.73	0.17
沐川县	2013	0.03	0.17	0.24	0.07	阿坝州	2016	0.09	0.43	0.75	0.19
沐川县	2014	0.04	0.23	0.27	0.09	阿坝州	2017	0.10	0.48	0.76	0.20

注：峨边彝族自治县在表中简称为"峨边县"；马边彝族自治县在表中简称为"马边县"，以下同。

附表2　德阳市、乐山市和阿坝州的金融科技综合得分

地区	年度	银行卡受理	支付清算	非现金	得分	地区	年度	银行卡受理	支付清算	非现金	得分
峨边县	2012	0.18	0.43	0.27	0.27	沐川县	2015	0.33	0.58	0.29	0.38
峨边县	2013	0.28	0.46	0.69	0.49	沐川县	2016	0.39	0.58	0.54	0.50
峨边县	2014	0.34	0.46	0.36	0.38	沐川县	2017	0.39	0.58	0.80	0.60
峨边县	2015	0.37	0.46	0.35	0.39	广汉市	2012	1.65	1.75	1.48	1.63
峨边县	2016	0.41	0.43	0.50	0.46	广汉市	2013	1.83	1.76	2.09	1.95
峨边县	2017	0.43	0.46	0.88	0.62	广汉市	2014	2.11	1.76	2.23	2.12
峨眉山市	2012	0.84	1.30	1.21	1.10	广汉市	2015	1.91	1.88	1.95	1.96
峨眉山市	2013	1.18	1.30	1.59	1.39	广汉市	2016	1.84	1.88	2.70	2.23
峨眉山市	2014	1.55	1.37	1.43	1.49	广汉市	2017	2.00	1.89	2.43	2.19

地区	年度	银行卡受理	支付清算	非现金	得分	地区	年度	银行卡受理	支付清算	非现金	得分
峨眉山市	2015	1.78	1.38	1.87	1.76	罗江县	2012	1.19	0.69	0.22	0.73
峨眉山市	2016	1.66	1.78	3.28	2.36	罗江县	2013	0.56	0.75	0.36	0.53
峨眉山市	2017	1.71	1.54	3.48	2.40	罗江县	2014	0.66	0.72	0.72	0.71
夹江县	2012	0.44	1.01	0.79	0.71	罗江县	2015	0.65	0.72	0.65	0.68
夹江县	2013	0.53	1.14	0.98	0.85	罗江县	2016	0.61	0.76	0.81	0.73
夹江县	2014	0.68	1.09	1.48	1.10	罗江县	2017	0.72	0.69	0.62	0.69
夹江县	2015	0.81	1.12	1.92	1.33	绵竹市	2012	1.44	1.32	0.45	1.05
夹江县	2016	0.87	1.12	3.13	1.83	绵竹市	2013	1.44	1.30	0.46	1.05
夹江县	2017	0.87	1.12	3.50	1.97	绵竹市	2014	1.71	1.34	2.22	1.87
犍为县	2012	0.52	1.07	0.42	0.61	绵竹市	2015	2.27	1.34	1.02	1.63
犍为县	2013	0.68	1.12	0.69	0.79	绵竹市	2016	1.92	1.34	1.21	1.56
犍为县	2014	0.75	1.13	0.78	0.86	绵竹市	2017	2.07	1.36	1.85	1.87
犍为县	2015	0.91	1.13	1.90	1.36	什邡市	2012	1.42	1.32	0.68	1.13
犍为县	2016	1.05	1.13	2.17	1.53	什邡市	2013	1.47	1.32	0.72	1.17
犍为县	2017	1.06	1.13	2.47	1.65	什邡市	2014	1.52	1.32	0.83	1.24
井研县	2012	0.41	1.02	0.33	0.52	什邡市	2015	1.41	1.37	0.97	1.26
井研县	2013	0.50	0.97	0.35	0.55	什邡市	2016	1.58	1.37	3.40	2.28
井研县	2014	0.61	0.97	0.44	0.63	什邡市	2017	1.43	1.33	2.29	1.78
井研县	2015	0.69	0.94	0.73	0.77	中江县	2012	1.52	2.50	0.93	1.53
井研县	2016	0.85	0.96	0.76	0.85	中江县	2013	2.37	2.53	0.83	1.85
井研县	2017	0.83	0.90	1.06	0.95	中江县	2014	3.06	2.53	1.02	2.21
马边县	2012	0.17	0.38	0.08	0.18	中江县	2015	3.16	2.51	0.91	2.19
马边县	2013	0.23	0.39	0.16	0.24	中江县	2016	2.92	2.56	1.06	2.17
马边县	2014	0.29	0.39	0.31	0.32	中江县	2017	3.37	2.56	1.19	2.40
马边县	2015	0.31	0.39	0.42	0.38	阿坝州	2012	1.44	2.35	2.55	2.10
马边县	2016	0.37	0.39	0.40	0.39	阿坝州	2013	2.38	3.13	1.14	2.10
马边县	2017	0.36	0.39	0.64	0.49	阿坝州	2014	2.74	2.97	1.36	2.30
沐川县	2012	0.21	0.58	0.16	0.28	阿坝州	2015	3.51	2.77	3.01	3.22
沐川县	2013	0.30	0.58	0.16	0.31	阿坝州	2016	4.41	2.91	2.32	3.35
沐川县	2014	0.29	0.58	0.23	0.33	阿坝州	2017	6.27	3.09	2.32	4.15

后记

2005 年的 6 月，已经学了 7 年师范专业、有过上市公司 3 年工作经历的我从西南师范大学计算机专业硕士毕业，心中暗自得意所学的人工智能是学科前沿，所学的计算机专业知识正好可用于教学中。我揣着当一名计算机专业好老师的梦想，畅想着在三尺讲台上洋洋洒洒地讲授计算机课程，培养出一批批在计算机编程方面颇有造诣的学生，来到了高校。但我第一学期要承担的却是电子支付和网络广告两门课程，经历了第一学期教学无从下手的困惑；第二学期有老师接走了网络广告课程，留下了电子支付课程。随着该课程相继又在金融学、国际贸易学等专业开设，我决定再次转向，攻读博士学位深耕电子支付领域。

2009 年我跨学科考入西南财经大学，三年博士毕业后，我已经对电子支付产生了浓厚的兴趣，2013 年我又选择了四川农业大学农林经济管理的博士后流动站，继续从事农村金融的研究。支付和金融尽管有联系，但它们也有太多的不同。经过导师蒋远胜教授的耐心指导，我将研究方向定位在金融科技，并由此选定题目："金融科技赋能农村普惠金融的机理、效应和路径研究——以四川省为例"，希望深入研究金融科技在发展农村普惠金融中的机理、效应以及路径等一系列问题。

前期的研究经历告诉我研究的主题有意义，但是也有难度。首先是作为跨学科主题的研究，会遇到不同学科经验知识的碰撞：比如边际收益递增的问题，免费金融服务（支付宝转账）的可持续性问题，信息经济学在经济学中的研究信息不对称、逆向选择和道德风险问题，在信息领域讨论信息的价值、信息服务的市场经济规律等；其次是在农村金融市场中，金融科技的应用不成熟，信息技术在农村金融和农业生产的应用不平衡，金融科技将农村普惠金融的定位由政策扶持转向市场是否具有可持续性；再次是数据来源问题，金融相关数据都是非常敏感的问题，经过访谈后发现，微观数据收集问卷调查具有较大的局限性（问卷花了大量的时间和精力，但有效样本数据仍不足），研究报告最终放弃了使用问卷的方法；最后是宏观数据的取得也非常难，本研究很幸运地得到了中国人民银行乐山市中心支行、中国人民银行德阳市中心支行和中国人民银行阿坝州中心支行的大力支持和帮助，通过数据脱敏处理，得到了本研究所需要的数据。

本研究结合 DCEP 的使用，对金融科技促进农村普惠金融的机理、效应和路径进行了深入研究。经过理论分析、实证研究和路径设计，全面回答了应用金融科技发展农村普惠金融的"为什么"到"怎么做"的问题。博士后出站报告的撰写及最后定稿，让自己度过了充实的流动站的工作与生活，也提高了自己的研究水平。博士后出站后反复思考本研究，最终以出站报告为基础整理撰写并出版了《金融科技应用对农村普惠金融发展的影响研究——以四川省为例》专著。

作为在职博士后，在承担教学的同时又要开展博士后的项目研究，其工作和研究的双重压力让我不堪重负。面对新增的各门新课，在教学优先的指导原则下，尽管多学科的课程可以丰富知识，但也占用了有限的科研时间。本书中尚存在较多需继续研究的问题，后期我将在此基础上进行更深入的研究。

我深知本书的研究是对数字普惠金融的有益探索，随着信息技术不断向各领域的渗透，数字农业的发展以及 DCEP 的应用，金融科技在农村的应用已是必然的趋势。本书虽已完成，但我仍将继续在该书的基础上，将金融科技的研究做深、做透。

吴敬花

2021 年 3 月

致谢

　　本专著是以我的博士后出站报告为基础形成的，经历了六年博士后的研究和两年的不断完善。在博士后期间，作为在职博士后，精力与时间分配问题让我常常纠结与矛盾。本专著的形成，离不开在流动站的这些年，有幸受到老师、亲人和朋友的关心和帮助，在此，先谢谢他们。

　　我要诚挚感谢我的合作导师蒋远胜教授，蒋老师在立德树人方面对我产生了深远的影响。正是蒋老师的坚持和对我学习能力、创新能力和科研能力的影响，最终形成了出站报告。

　　我要感谢在出站报告开题中参与指导的各位专家，感谢出站报告评审的专家以及在出站报告答辩会上的领导和专家，正是您们精准、可行的建议，让出站报告经过不断完善、反复思考并最终定稿，由此形成了本专著。

　　我要感谢中国人民银行乐山中心支行的陈永冬、李源、罗茜等领导，他们对本报告提出了许多宝贵的建议；我要感谢中国人民银行阿坝州支行和中国人民银行德阳市支行为出站报告提供的各种帮助。

　　我要感谢我在波兰格但斯克大学为期一年访学期间的 Ewelina. Sokolowska 教授和 Magdalena. Jerzemowska 教授，在访学期间所学的金融学知识和计量经济分析方法，为报告的选题和研究打下了一定的基础。

　　我要感谢四川农业大学、学院的各级领导和专家，在完成出站报告的过程中，得到了他们的指导和帮助，实验条件在学院的帮助下也得到了改善，其研究得到了学校、实验室经费的资助。

　　我要感谢西南财经大学的帅青红教授和李忠俊教授，他们作为我博士期间的团队里的指导老师，本研究中好多问题都得到过他们的指导和帮助。

我要感谢我的朋友、老乡、同学、校友，他们不仅给了我榜样的力量，也给了我鼓励、关心和帮助，他们积极向上面对生活的态度时刻感染着我，也让我变得更积极、阳光。

　　我要感谢我的父母等亲人，正是他们对我的包容，让我在适应社会、一路跨学科学习过程中从容面对，其学习研究过程虽艰辛但充满乐趣和成就感。因为有他们的帮助，让我一如既往地对工作充满热情，有正直、善良与感恩的做人基本原则以及立志回馈社会的坚定信念。

　　博士后出站后的这两年，我反复思考我出站报告的问题并对其进行修改完善，最终出版了本专著。未来，我将不忘师恩，用导师言传身教的高尚品德感染学生，用导师所教知识、技能指导学生，将人生中所得到的关心和帮助传递给学生。

吴敬花

2021 年 3 月于雅安